EU-Bauproduktenverordnung

EU-Bauproduktenverordnung

Jetzt diesen Titel zusätzlich als E-Book downloaden und 70 % sparen!

Als Käufer dieses Buchtitels haben Sie Anspruch auf ein besonderes Kombi-Angebot: Sie können den Titel zusätzlich zum Ihnen vorliegenden gedruckten Exemplar für nur 30 % des Normalpreises als E-Book beziehen.

Der BESONDERE VORTEIL: Im E-Book recherchieren Sie in Sekundenschnelle die gewünschten Themen und Textpassagen. Denn die E-Book-Variante ist mit einer komfortablen Volltextsuche ausgestattet!

Deshalb: Zögern Sie nicht. Laden Sie sich am besten gleich Ihre persönliche E-Book-Ausgabe dieses Titels herunter.

In 3 einfachen Schritten zum E-Book:

1. Rufen Sie die Website **www.beuth.de/e-book** auf.

2. Geben Sie hier Ihren persönlichen, nur einmal verwendbaren E-Book-Code ein:

   297144CK3CK0F2B

3. Klicken Sie das „Download-Feld" an und gehen dann weiter zum Warenkorb. Führen Sie den normalen Bestellprozess aus.

Hinweis: Der E-Book-Code wurde individuell für Sie als Erwerber dieses Buches erzeugt und darf nicht an Dritte weitergegeben werden. Mit Zurückziehung dieses Buches wird auch der damit verbundene E-Book-Code für den Download ungültig.

Matthias Springborn

EU-Bauproduktenverordnung

Fragen und Antworten aus der Praxis

2., vollständig überarbeitete
und erweiterte Auflage 2020

Herausgeber:
DIN Deutsches Institut für Normung e. V.

Beuth Verlag GmbH · Berlin · Wien · Zürich

Herausgeber: DIN Deutsches Institut für Normung e. V.

© 2020 Beuth Verlag GmbH
Berlin · Wien · Zürich
Saatwinkler Damm 42/43
13627 Berlin

Telefon: +49 30 2601.0
Telefax: +49 30 2601.1260
Internet: www.beuth.de
E-Mail: kundenservice@beuth.de

Titelbild: Andrey Kuzmin, Nutzung unter Lizenz von Adobestock.com
Satz: Beuth Verlag GmbH, Berlin
Druck: Print Group Sp. z o.o., Szczecin

Gedruckt auf säurefreiem, alterungsbeständigem Papier nach DIN EN ISO 9706

ISBN 978-3-410-29714-7
ISBN (E-Book) 978-3-410-29715-4

Inhaltsverzeichnis

Autorenporträt

1987 Abschluss des Studiums des Bauingenieurwesens an der TU Berlin.

1987–1993 Wissenschaftlicher Mitarbeiter an der TU Berlin. Forschungstätigkeiten zu Eigenschaften von Fahrbahnoberflächen (Griffigkeit, Ebenheit, Reifen/Fahrbahn-Geräuschentwicklung), Mitarbeit in nationalen und ausländischen Arbeitsgruppen zu diesem Thema.

Seit 1993 Mitarbeiter des DIBt, hier vor allem zuständig für die europäischen Aufgabengebiete des DIBt. Dazu gehörten bzw. gehören die Koordinierung der Mitarbeit des Präsidenten des DIBt im Ständigen Ausschuss für das Bauwesen, die Koordinierung der Aufgaben des DIBt im Zusammenhang mit dessen Mitwirkung in der EOTA, die Koordinierung der Mitarbeit des DIBt und der Länder in der harmonisierten Normung und die Mitarbeit des DIBt in der UEAtc.

Im Juli 2006 kommissarische Übernahme des zuständigen Referats, ab November 2007 Referatsleiter.

Von September 2008 bis November 2014 Mitglied im Technical Board, ab Oktober 2012 Mitglied im Management Team bzw. dem Executive Board der EOTA.

Seit September 2012 Vize-Präsident und seit Februar 2013 Vorsitzender der Technical Commission der UEAtc.

In den Jahren 2006 und 2007 Medium Term Expert im Twinning-Projekt zur Einführung der Eurocodes in Lettland. In den Jahren 2014 und 2015 Leiter einer Komponente im Twinning-Projekt zur Heranführung von Aserbaidschan an europäische Standards im Bauwesen.

Zahlreiche Seminare, Vorträge und Veröffentlichungen im Zusammenhang mit der Bauproduktenrichtlinie und der Bauproduktenverordnung.

Einleitung

Die Bauproduktenverordnung[1] ist leider in Bezug auf etliche ihrer Vorschriften auslegungsfähig bzw. interpretationsbedürftig. Die Erläuterungen in dieser Publikation können dafür nur als begründete Anhaltspunkte dienen; sie geben ausschließlich die Meinung des Verfassers wieder und stellen keine rechtsverbindliche Auslegung der Verordnung dar. Das Ziel ist vielmehr, dem Leser dabei zu helfen, jeweils einen eigenen begründbaren Standpunkt zu finden. Daher sind ebenfalls, wenn bekannt, anderslautende Interpretationen der Bauproduktenverordnung dargestellt.

Eine europäische Verordnung entspricht im nationalen Vergleich etwa einem Gesetz; sie ist unmittelbar und für jeden gültig und bedarf keiner nationalen Umsetzung, wie das bei einer Richtlinie der Fall ist. Nationale entgegenstehende Vorschriften sind verboten. Die Bauproduktenverordnung steht also aufgrund ihres Rechtsstatus‘ als Solitär da, der von niemand anderem verbindlich ausgelegt werden kann als ggf. vom Europäischen Gerichtshof. Dies – in Verbindung damit, dass etliche Regelungen der Verordnung interpretierbar sind – bietet in mancherlei Hinsicht Anlass für Rechtsunsicherheit.

In diesem Zusammenhang spielt auch eine Rolle, dass die Bauproduktenverordnung im Vergleich zur früheren Bauproduktenrichtlinie eine Vielzahl von Freiheiten und Wahlmöglichkeiten für Hersteller von Bauprodukten enthält. Neben der gewünschten Flexibilität kann dies im Ergebnis führen zu

1) Verunsicherung über das in einer konkreten Situation rechtlich Geforderte,
2) mehr Verantwortung für Hersteller,
3) mehr Bürokratie, weil die Auswahlmöglichkeiten auch formal berücksichtigt werden müssen,

1 Verordnung (EU) Nr. 305/2011 des Europäischen Parlaments und des Rates vom 9. März 2011 zur Festlegung harmonisierter Bedingungen für die Vermarktung von Bauprodukten und zur Aufhebung der Richtlinie 89/106/EWG des Rates (Amtsblatt der EU L 88 vom 04.04.2011); berichtigt im Amtsblatt der Europäischen Union L 103 vom 12.04.2013 hinsichtlich einiger Sprachfassungen (auch der deutschen), geändert durch die delegierten Rechtsakte 568/2014 (betreffend den Anhang V, Amtsblatt der Europäischen Union L 157 vom 27.05.2014, berichtigt hinsichtlich der deutschen Fassung im Amtsblatt der Europäischen Union L 92 vom 08.04.2015, S. 118) und 574/2014 (betreffend den Anhang III, Amtsblatt der Europäischen Union L 159 vom 28.05.2014)

4) einem geringeren Aussagewert der CE-Kennzeichnung, z. B. weil nicht alle jeweils benötigten Leistungsangaben enthalten sein müssen,

5) mehr Verantwortung für Verwender, die prüfen müssen, ob sie mit der Leistungserklärung und der CE-Kennzeichnung alle erforderlichen Informationen für die jeweilige Verwendung erhalten.

Der beste Weg, Unklarheiten bzw. Unsicherheiten zu begegnen, ist, sich bei den Kommissionsdiensten[2] nach ihrer Rechtsauffassung zu erkundigen. Auch diese Auffassung kann allerdings nur eine Interpretation der Verordnung sein; nach Meinung des Verfassers wird es aber in einem eventuellen Gerichtsverfahren hilfreich sein, wenn dargelegt werden kann, dass man sich nach bestem Wissen und Gewissen bei den „Hütern der Verträge" mit Informationen versorgt hat. Allerdings ist mangels Ressourcen bei den Kommissionsdiensten erfahrungsgemäß nicht sicher, dass eine Antwort erfolgt.

Aufmerksame Leser dieser Publikation, die sich bereits mit der vorherigen Auflage befasst haben, werden leider feststellen, dass sich einzelne Erläuterungen zu teils grundlegenden Fragen ins Gegenteil verkehrt haben. Bestimmte Auslegungen wurden von den Kommissionsdiensten seinerzeit ultimativ vertreten und schienen in Stein gemeißelt. Der wurde aber inzwischen umgedreht, und auf der Rückseite betätigt man sich erneut und mit einem anderen Text als Steinmetz.

Hilfreich kann trotzdem in diesem Zusammenhang auch die Internetseite der Kommissionsdienste sein, die einen FAQ-Bereich („Frequently Asked Questions") enthält (siehe Kapitel 11). Die dort zusammengestellten Fragen und Antworten unterscheiden sich allerdings von den in der vorliegenden Publikation behandelten Themen dadurch,

- dass sie entweder recht eng an dem Teil des Verordnungstextes bleiben, der klar geschrieben ist und wenig Anlass zu Interpretationen bietet,
- dass sie über den Verordnungstext hinausgehende Informationen, z. B. zu Fragen des Übergangs von der Bauproduktenrichtlinie, betreffen, oder

2 Dienste der Europäischen Kommission, der Brüsseler Verwaltungsapparat. Die Bauproduktenverordnung ist zwar eine Verordnung des Europäischen Parlaments und des Rates; sie ist jedoch von den Kommissionsdiensten initiiert worden und die Grundkonzepte wurden von den Kommissionsdiensten im Entwurf der Verordnung vorgelegt, auf den dann Parlament und Rat durch Kommentare Einfluss genommen haben.

- dass sie auf sehr spezielle Themen wie z. B. Auslegungsfragen zu EN 1090-1 „Ausführung von Stahltragwerken und Aluminiumtragwerken – Teil 1: Konformitätsnachweisverfahren für tragende Bauteile“ eingehen.

Bei Ableitung von bedeutsamen Entscheidungen aus dieser Internetseite ist ein Screenshot oder Ausdruck zu empfehlen.

Lesenswert ist auch der FAQ-Bereich auf der Internetseite des Deutschen Instituts für Bautechnik (siehe Kapitel 11).

Dagegen handelt es sich bei den in dieser Publikation aufgeworfenen Fragen nicht nur um *häufig* gestellte Fragen. Vielmehr werden sich wohl manche dieser Fragen erst nach einiger Beschäftigung mit der Materie ergeben. Sie kommen aber aus der Praxis und sind daher auch für die praktische Umsetzung der Vorschriften der Bauproduktenverordnung von Bedeutung.

Der Begriff „Bauproduktenverordnung“ wird im Folgenden abgekürzt mit BauPVO. Es gibt allerdings keine einheitlich festgelegte Abkürzung. Daher werden in anderen Veröffentlichungen auch Kürzel wie z. B. „BPV“ oder „EU-BauPVO“ verwendet.

Weitere häufig gebrauchte Abkürzungen sind:

hEN

harmonisierte europäische Norm

EAD

Europäisches Bewertungsdokument (European Assessment Document)

ETA

Europäische Technische Bewertung (European Technical Assessment).

1 Grundlagen

1.1 Wann ergeben sich aus der Bauproduktenverordnung für einen Hersteller Verpflichtungen und ggf. welche?

Nach Art. 4 Abs. 1 der Bauproduktenverordnung muss ein Hersteller eine Leistungserklärung aufstellen, wenn „ein Bauprodukt von einer harmonisierten Norm erfasst" ist oder wenn es „einer Europäischen Technischen Bewertung [entspricht], die für dieses ausgestellt wurde". Nach Art. 8 Abs. 2 muss er solche Produkte, für die er eine Leistungserklärung aufgestellt hat, mit der CE-Kennzeichnung versehen.

Hinsichtlich einer harmonisierten Norm gibt es also keine Wahlmöglichkeiten für Hersteller; eine solche Norm liegt entweder voll zutreffend vor oder nicht, d. h., es gibt gar keine passende Norm oder das Produkt oder der vorgesehene Verwendungszweck weichen von einer sonst zutreffenden Norm ab oder die Norm deckt nicht alle Wesentlichen Merkmale in der erforderlichen Weise ab (vgl. BauPVO, Art. 19, siehe Kapitel 3.4). Die Beantragung einer ETA erfolgt jedoch auf freiwilliger Basis. Sie führt dann letztlich zu einer Selbstverpflichtung, und zwar ausschließlich des Herstellers, der die ETA erhalten hat, und nur mit Bezug auf das Produkt, für das die ETA ausgestellt worden ist.

Daraus ergibt sich, dass nicht alle Bauprodukte diesen Pflichten unterliegen. Damit unterscheidet sich die Bauproduktenverordnung von den anderen Harmonisierungsvorschriften, die jeweils einen Sektor vollständig und für alle Produkte regeln, also z. B. alle Maschinen oder alle Druckgeräte betreffen.

Verschiedene Interpretationen gibt es aber hinsichtlich anderer Verpflichtungen, die ggf. alle Bauprodukte betreffen könnten. Es gibt die Auffassung, dass Regeln wie die, dass der Hersteller dem Produkt eine Gebrauchsanleitung und Sicherheitsinformationen mitgeben muss (BauPVO, Art. 11 Abs. 6), alle Bauprodukte betreffen und nicht nur die, für die eine Leistungserklärung aufgestellt und an denen die CE-Kennzeichnung angebracht werden muss. Die vorherrschende juristische Auffassung geht aber wohl davon aus, dass Verpflichtungen *aller* Art sich nur aus dem Artikel 4 ableiten.

1.2 Was ist ein Bauprodukt?

Nach Art. 2 Nr. 1 BauPVO bezeichnet der Begriff „Bauprodukt" „jedes Produkt oder jeden Bausatz, das beziehungsweise der hergestellt und in Verkehr gebracht wird, um dauerhaft in

Bauwerke oder Teile davon eingebaut zu werden, und dessen Leistung sich auf die Leistung des Bauwerks im Hinblick auf die Grundanforderungen an Bauwerke auswirkt".

Ein Bauprodukt kann in einem Stück ausgeliefert werden oder auch „von einem einzigen Hersteller als Satz von mindestens zwei getrennten Komponenten, die zusammengefügt werden müssen, um ins Bauwerk eingefügt zu werden, in Verkehr gebracht" werden (BauPVO, Art. 2 Nr. 2). Dann handelt es sich um einen Bausatz, der nach der Bauproduktenverordnung ebenfalls dem Oberbegriff „Bauprodukt" zugeordnet wird.

Diese Definitionen reichen nicht aus, wie manche Diskussionen im Lauf der Zeit ergaben. Manche Produkte liegen in einer Grauzone, wie folgende Beispiele zeigen:

Es gibt eine harmonisierte Norm für Tapeten (EN 15102:2011 „Dekorative Wandbekleidungen – Rollen- und Plattenform"), geschrieben noch nach der früheren Bauproduktenrichtlinie. Tapeten sind also offensichtlich Bauprodukte. Das lässt sich auch mit der oben zitierten Definition in Einklang bringen, denn sie sind dauerhaft mit dem Bauwerk verbunden (jeder, der selbst Tapeten abgelöst hat, weiß das) und sie wirken sich auf die Leistung des Bauwerks im Hinblick auf die Grundanforderungen aus, z. B. hinsichtlich der Innenraumluft. Im besten Fall beeinträchtigen sie die Qualität der Innenraumluft nicht. Gleiches gilt aber auch für Wandfarben, die jedoch nach Auffassung der Kommissionsdienste keine Bauprodukte sind und für die es auch keine harmonisierte Norm nach der Bauproduktenrichtlinie oder der Bauproduktenverordnung gibt.

Eine Metalltreppe, die dazu dient, auf eine große Maschine (aufgestellt in einer Maschinenhalle, siehe Bild 1) oder auf einen Behälter zu gelangen, um dort z. B. Einstellungs- oder Wartungsarbeiten vornehmen zu können, ist kein Bauprodukt. Sie steht mit dem Bauwerk in keiner funktionalen Verbindung, dient beispielsweise nicht der Erschließung des Gebäudes und trägt zur Leistung des Bauwerks nichts bei. Sie ist vielmehr als Bestandteil der Maschine zu betrachten. Ein Aspekt wie die „Sicherheit" der Treppe sollte mit der Erfüllung der wesentlichen Anforderungen nach der Maschinenrichtlinie abschließend abgehandelt sein. Unabhängig davon könnte es sinnvoll sein, Vorschriften der oben bereits genannten Norm EN 1090-1:2011 für die Ausführung von Stahltragwerken und Aluminiumtragwerken als technische Grundlage heranzuziehen, ohne dass sich eine Verpflichtung daraus ergäbe, dass es sich um eine nach der Bauproduktenverordnung harmonisierte Norm handelt, und auch ohne auszuloten, ob der längere Zeit umstrittene Anwendungsbereich der Norm eine solche Treppe erfasst.

Bild 1: Flaschenreinigungsmaschine: Ist die seitlich angebrachte Metalltreppe ein Bauprodukt?

Lange Diskussionen zwischen der EOTA[3] und den Kommissionsdiensten gab es über die Frage, ob Hochregale z. B. in Lagerhäusern Bauprodukte sind oder nicht. Im Ergebnis wurde vereinbart, nur solche Hochregale als Bauprodukte im Sinne der Bauproduktenverordnung zu betrachten, die Bestandteil der tragenden Gebäudekonstruktion sind, die also z. B. die Außenhaut des Gebäudes tragen oder die auch als Basis für Büroelemente genutzt werden, aber keine Hochregale, die lediglich innerhalb des Gebäudes aufgestellt sind und keine andere Funktion haben als die Lagerung von Waren. Diese Auslegung des Begriffs „Bauprodukt“ ist konsistent mit dem Ergebnis aus dem Beispiel oben für die Treppe an der Maschine oder dem Behälter.

Ein Hersteller von Kabelbindern berichtete verzweifelt über die Forderungen seiner Kunden nach Übergabe einer Leistungserklärung nach der Bauproduktenverordnung. Kabelbinder können zwar in Bauwerken, jedoch auch sonst in vielfältiger Weise verwendet werden, z. B. in der Kfz-Technik, in Sportbooten, im Garten etc. Der Beitrag, den die Kabelbinder hinsichtlich der Erfüllung der Grundanforderungen durch die Bauwerke leisten, wird eher gering sein. Ähnliches gilt z. B. für „Allerweltsschrauben“ kleiner Dimensionen, die man zwar im Baumarkt kaufen kann, die aber ebenso auch ganz anders als als Bauprodukt verwendet werden. Der Maßstab ist dann im Beitrag zu suchen, den die Produkte zur Erfüllung der Grundanforderungen (siehe Kapitel 1.4) durch die Bauwerke leisten.

3 European Organisation for Technical Assessment, die Organisation Technischer Bewertungsstellen nach Art. 31 Abs. 1 BauPVO

Dass der Beitrag, den ein Produkt zu der Erfüllung der Grundanforderungen durch die Bauwerke leisten kann, sehr wohl von Bedeutung für die Frage ist, ob es sich um ein Bauprodukt handelt, zeigte schon das Beispiel der Metalltreppe an einer Maschine oder an einem Behälter oder auch das Beispiel der Hochregale. Ein weiteres Beispiel: Wenn z. B. eine Konsole dazu dient, dass sie bestimmte Lasten (z. B. Komponenten der Technischen Gebäudeausrüstung) abträgt, dann wird möglicherweise, je nach möglichen konkreten Verwendungen, zu unterscheiden sein zwischen schweren und weniger schweren Lasten. Anhang I Nr. 4 der Bauproduktenverordnung verlangt im Hinblick auf die Grundanforderung „Nutzungssicherheit und Barrierefreiheit bei der Nutzung“, dass ein Bauwerk so entworfen und ausgeführt sein muss, „dass sich bei seiner Nutzung oder seinem Betrieb keine unannehmbaren Unfallgefahren oder Gefahren einer Beschädigung ergeben, ...“. Wenn also zwischen unannehmbaren Risiken (im Englischen wird der Begriff „risk“ verwendet) einerseits und annehmbaren oder vertretbaren Risiken andererseits unterschieden werden muss, dann wird es Fälle geben, in denen ein Versagen der Konsole ein vertretbares Risiko darstellt (eine Beule am Kopf oder eine kleine Beschädigung des Bauwerks), weswegen die Konsole dann nicht als Bauprodukt zu behandeln wäre. Dies gilt natürlich nur, solange die Konsole nicht aus irgendwelchen Gründen einen Beitrag zur Erfüllung einer anderen Grundanforderung leistet.

Eine weitere Überlegung betrifft die andere Bedingung für die Definition eines Bauprodukts, nämlich den dauerhaften Einbau in Bauwerke oder Teile davon (siehe BauPVO, Art. 2 Nr. 1). Wird also ein Produkt, das unzweifelhaft letztlich für die Verwendung in einem Bauwerk vorgesehen ist, das vorher aber ebenso unzweifelhaft in irgendeiner Art und Weise von einem weiteren Hersteller behandelt oder weiterverarbeitet werden muss, bereits als Bauprodukt in Verkehr gebracht? Es spricht einiges dagegen.

Da ist zum einen formal die Tatsache, dass dieses Produkt mit seinen Merkmalen und Leistungen (vgl. die Definition des Produkttyps in BauPVO, Art. 2 Nr. 9, siehe Kapitel 1.7) ja eben noch nicht für den Einbau in ein Bauwerk oder Teile davon vorgesehen ist. Zum anderen ließen sich zwar sicher für ein solches Produkt Leistungen ermitteln; wenn diese Leistungen aber mit dem zu tun haben sollten, was relevant für die Erfüllung der Grundanforderungen durch die Bauwerke wäre, müsste die weitere Behandlung oder Weiterverarbeitung berücksichtigt werden – die Produktleistungen wären also erst mal nur auf der Basis ganz bestimmter und einschränkender Randbedingungen ermittelt worden und nur dafür gültig. Die praktische Verwertbarkeit solcher Angaben wäre stark eingeschränkt.

Bei der Frage, was als Bauprodukt zu behandeln ist und was nicht, und vor allem, was sich ggf. für Verpflichtungen daraus ergeben, wenn es um ein Bauprodukt geht, kann häufig die Erkenntnis helfen, dass sich nach der Bauproduktenverordnung nicht für alle Bauprodukte formale Verpflichtungen ergeben (jedenfalls hinsichtlich der Aufstellung einer Leistungserklärung und der CE-Kennzeichnung, siehe Kapitel 1.1), sondern nur für diejenigen Produkte und Verwendungszwecke, für die eine harmonisierte Norm voll zutrifft (siehe Kapitel 1.9). Wenn keine harmonisierte Norm voll zutrifft und wenn der Hersteller selbst kein Interesse an der Aufstellung einer Leistungserklärung und der CE-Kennzeichnung hat und daher keine ETA beantragt und erhalten hat, wird die Frage, ob ein Produkt ein Bauprodukt ist, zu einer philosophischen Fingerübung.

1.3 Was regelt die Bauproduktenverordnung eigentlich in Bezug auf Bauprodukte?

Das Konzept der Bauproduktenverordnung unterscheidet sich von dem aller anderen Harmonisierungsvorschriften. Andere Harmonisierungsvorschriften regeln alle Produkte des betroffenen Sektors, und sie tun dies abschließend. Aus der Bauproduktenverordnung dagegen ergeben sich nur für bestimmte Produkte Verpflichtungen (siehe Kapitel 1.1 und 1.9) und diese Produkte sind auch nicht abschließend geregelt; stattdessen wird den Produkten eine Information über ihre Leistung in Bezug auf bestimmte Produktmerkmale (siehe Kapitel 1.5 und 8.5) mitgegeben, die dann im Rahmen weiterer nationaler Regelungen zu berücksichtigen ist.

Wie schon der Titel besagt, regelt die Bauproduktenverordnung die Vermarktung von Bauprodukten bzw. genauer: die „Festlegung harmonisierter Bedingungen“ dafür. Die Verordnung bezieht sich also nicht auf die Verwendung der Bauprodukte; Regelungen hierfür fallen weiterhin in die Kompetenz der Mitgliedstaaten.

Problematisch ist aber die Abgrenzung zwischen den beiden Kompetenzbereichen. Die Kommissionsdienste interpretieren jede allgemeine, im Zusammenhang mit bestimmten Verwendungszwecken aufgestellte produktbezogene Anforderung als europarechtswidrig. Es ist jedoch unstreitig, dass die Festlegung von Einzelheiten hinsichtlich der Erfüllung der Grundanforderungen an Bauwerke in der Verantwortung der Mitgliedstaaten liegt. Es bleibt daher eine schwierige juristische Frage, wie die Erfüllung der Grundanforderungen an Bauwerke sichergestellt werden kann, wenn nicht von vornherein auch entsprechende Anforderungen an die zu verwendenden Bauprodukte gestellt werden dürfen. Im Übrigen lässt Art. 8 Abs. 4[4] BauPVO vermuten, dass nationale produktbezogene Anforderungen sehr wohl erlaubt sind und dass die europäische Kompetenz bei der Festlegung der Methoden endet, mit denen eine Produktleistung ermittelt wird.

Die Bauproduktenverordnung stellt jedenfalls das Inverkehrbringen und die Bereitstellung von Bauprodukten in den Vordergrund (siehe Kapitel 1.8). Sie regelt die Verpflichtungen im Zusammenhang mit dem Inverkehrbringen und der weiteren Bereitstellung, die sich in ebenfalls definierten Fällen ergeben. Diese Verpflichtungen können jeweils zu bestimmten Zeitpunkten wirksam sein. Als Beispiel hierfür sei auf die Kapitel 2.6 und 6.13 verwiesen.

1.4 Was ist eine Grundanforderung?

Der wesentliche konzeptionelle Unterschied zwischen der Bauproduktenverordnung und anderen Harmonisierungsvorschriften besteht darin, dass sich die „wesentlichen Anforderungen" (ein feststehender Begriff) in anderen Harmonisierungsvorschriften an den Regelungsgegenstand, also z. B. an die Maschinen, richten. Die Grundanforderungen der Bauproduktenverordnung dagegen richten sich an die Bauwerke, während der Regelungsgegenstand die Bauprodukte sind.

Im Hinblick darauf, dass die Grundanforderungen nach der Bauproduktenverordnung ebenfalls stichwortartig bestimmte zu erreichende Ziele beschreiben, entsprechen sie etwa den wesentlichen Anforderungen nach anderen Harmonisierungsvorschriften. Aufgrund des konzeptionellen Unterschieds wurden aber in der Bauproduktenverordnung hier sowie auch in anderen Zusammenhängen (siehe z. B. Kapitel 9.1) einige abweichende und in anderen Sektoren unbekannte Begriffe gewählt.

Im ersten Absatz des Anhangs I der Bauproduktenverordnung wird festgestellt, dass Bauwerke „als Ganzes und in ihren Teilen für deren Verwendungszweck tauglich sein [müssen], wobei insbesondere der Gesundheit und der Sicherheit der während des gesamten Lebenszyklus der Bauwerke involvierten Personen Rechnung zu tragen ist". Dies wird als Basisanforderung an Bauwerke verstanden, die die Bauwerke „bei normaler Instandhaltung über einen wirtschaftlich angemessenen Zeitraum erfüllen" müssen.

---

4 „Ein Mitgliedstaat darf in seinem Hoheitsgebiet oder in seinem Zuständigkeitsbereich die Bereitstellung auf dem Markt oder die Verwendung von Bauprodukten, die die CE-Kennzeichnung tragen, weder untersagen noch behindern, wenn die erklärten Leistungen den Anforderungen für diese Verwendung in dem betreffenden Mitgliedstaat entsprechen."

Die Bauproduktenverordnung leitet daraus sieben Grundanforderungen an Bauwerke ab und definiert und beschreibt sie in wenigen Worten im Anhang I:

1) Mechanische Festigkeit und Standsicherheit
2) Brandschutz
3) Hygiene, Gesundheit und Umweltschutz
4) Sicherheit und Barrierefreiheit bei der Nutzung
5) Schallschutz
6) Energieeinsparung und Wärmeschutz
7) Nachhaltige Nutzung der natürlichen Ressourcen.

Die Festlegung der Grundanforderungen in der Bauproduktenverordnung allein führt nicht zu irgendwelchen Konsequenzen. Die Grundanforderungen werden jedoch – jeweils bezogen auf Familien von Bauprodukten und auf allgemein bezeichnete Verwendungszwecke – ausgefüllt durch die Zuordnung von Wesentlichen Merkmalen (siehe Kapitel 1.5). So kann für die Grundanforderung Nr. 1 z. B. die Druck- oder die Zugfestigkeit eine Rolle spielen, bei Nr. 2 kann das das Brandverhalten sein, bei Nr. 3 die Emission von Gefahrstoffen etc.

Das wird indirekt bestätigt durch die Aussage von Art. 3 Abs. 1 BauPVO: „Die Grundanforderungen an Bauwerke ... sind die Grundlage für die Ausarbeitung von Normungsaufträgen und harmonisierter technischer Spezifikationen“, denn die harmonisierten Spezifikationen beinhalten Bewertungsverfahren und -kriterien für Wesentliche Merkmale von Bauprodukten.

1.5 Was ist ein Wesentliches Merkmal?

Art. 2 Nr. 4 BauPVO definiert Wesentliche Merkmale als „diejenigen Merkmale des Bauprodukts, die sich auf die Grundanforderungen an Bauwerke beziehen“.

Nehmen wir die Rutschfestigkeit in Badewannen als Beispiel, um diese Definition näher zu beleuchten. Wir gehen bei diesem Beispiel davon aus (ohne dies überprüft zu haben), dass es in keinem Mitgliedstaat öffentlich-rechtliche Anforderungen an diese Produkteigenschaft gibt. Dies ist völlig unabhängig davon, dass ein Hersteller von Badewannen trotzdem ein Interesse daran haben kann, dieses Produktmerkmal auszuweisen und zu bewerben.

Das Merkmal hat zweifelsohne einen Bezug zur Grundanforderung Nr. 4 „Sicherheit und Barrierefreiheit bei der Nutzung“. Warum sollte nun aber auf europäischer Ebene öffentlich-rechtlich etwas geregelt werden, was in keinem Mitgliedstaat öffentlich-rechtlich verlangt wird? Das ist weder sinnvoll noch trägt es der Tatsache Rechnung, dass die Bauproduktenverordnung erarbeitet worden ist, um Handelshemmnisse zu beseitigen, die sich aus Vorschriften der Mitgliedstaaten ergeben. Anders ausgedrückt: Wo es keine nationalen öffentlich-rechtlichen Vorschriften gibt, gibt es auch keine Handelshemmnisse im Sinne der europäischen Harmonisierung. Letztlich ließe sich vermutlich für fast jede Eigenschaft eines Bauprodukts ein Bezug zu einer Grundanforderung herleiten, wodurch diese Eigenschaft, basierend allein auf der oben zitierten Definition, zu einem Wesentlichen Merkmal würde.

Mitarbeiter der Kommissionsdienste vertreten aber die Auffassung, dass allein der Bezug zu einer Grundanforderung ausreicht, um ein Produktmerkmal zu einem Wesentlichen Merkmal im Sinne der Bauproduktenverordnung zu machen. Diese Auffassung steht im Gegensatz zu der Sichtweise mindestens der meisten, wenn nicht sogar aller Mitgliedstaaten. Sie steht auch im Gegensatz zur Vorgehensweise unter der Bauproduktenrichtlinie. Damals wurden nur diejenigen Eigenschaften eines Bauprodukts in harmonisierten Spezifikationen behandelt, an die im Zusammenhang mit der Verwendung des Produkts in mindestens einem Mitgliedstaat und mindestens für bestimmte Verwendungszwecke gesetzlich geregelte Anforderungen gestellt werden. Das wäre für die Rutschfestigkeit in Badewannen im Beispiel nicht der Fall.

Aber auch unter der Bauproduktenverordnung dürfte es sich bei der Rutschfestigkeit von Badewannen nicht um ein Wesentliches Merkmal handeln (immer unter der Voraussetzung, dass wirklich kein Mitgliedstaat öffentlich-rechtliche Anforderungen hat). Der horizontale Beschluss 768/2008/EG zur Vermarktung von Produkten[5] legt in Art. 3 Abs. 1 fest: „In Bezug auf den Schutz öffentlicher Interessen beschränken sich die Harmonisierungsrechtsvorschriften der Gemeinschaft auf die Festlegung der wesentlichen Anforderungen, die das Schutzniveau bestimmen, und formulieren diese Anforderungen in Form von Ergebnissen, die zu erzielen sind.“

Weiter verlangt Art. 3 Abs. 2 dieses Beschlusses: „Enthält eine Harmonisierungsrechtsvorschrift der Gemeinschaft wesentliche Anforderungen, so ist darin auch die Verwendung harmonisierter Normen ... vorzusehen, die diese Anforderungen in technischer Hinsicht ausdrücken ...“.

5 Beschluss Nr. 768/2008/EG des Europäischen Parlaments und des Rates vom 9. Juli 2008 über einen gemeinsamen Rechtsrahmen für die Vermarktung von Produkten und zur Aufhebung des Beschlusses 93/465/EWG des Rates (Amtsblatt der EU L 218 vom 13.08.2008)

Die verwendeten Begriffe sind hier – aus den oben genannten Gründen (siehe Kapitel 1.4) – andere als unter der Bauproduktenverordnung. Trotzdem wird aber deutlich, dass der Inhalt der harmonisierten Normen die wesentlichen Anforderungen (nach der Bauproduktenverordnung: die Grundanforderungen) widerspiegeln soll, und dass die wesentlichen Anforderungen wiederum Bezug zu einem Schutzniveau haben sollen, das im öffentlichen Interesse gefordert wird. Dabei ist es unter der Bauproduktenverordnung das Recht der Mitgliedstaaten, das nationale Schutzniveau in Bezug auf die Bauwerke festzulegen. Wo ein solches nationales öffentliches Interesse fehlt, bedarf es keiner europäischen Regelung.

Dies steht im Einklang mit dem fünften Erwägungsgrund der Bauproduktenverordnung: „Sofern anwendbar, werden anhand von Bestimmungen für einen Verwendungszweck beziehungsweise Verwendungszwecke eines Bauprodukts in einem Mitgliedstaat, mit denen darauf abgezielt wird, Grundanforderungen an Bauwerke zu erfüllen, die Wesentlichen Merkmale festgelegt, deren Leistung erklärt werden sollte."

Aus all dem lässt sich ableiten, dass ein Wesentliches Merkmal nicht nur dadurch gekennzeichnet ist, dass es einen Bezug zu den Grundanforderungen an Bauwerke hat, sondern dass es auch ein öffentliches Interesse an der Behandlung des Merkmals in harmonisierten Spezifikationen geben muss. Ein öffentliches Interesse wird aber auf nationaler Ebene üblicherweise dadurch ausgedrückt, dass es „Bestimmungen für einen Verwendungszweck beziehungsweise Verwendungszwecke" in einem Mitgliedstaat gibt.

1.6 Wer gilt als Hersteller?

Die Bauproduktenverordnung verknüpft den Begriff des Herstellers nicht mit dem physischen Herstellungsprozess – die Definition des Herstellers nach Art. 2 Nr. 19 BauPVO macht keinen Unterschied zwischen einer „natürliche[n] oder juristische[n] Person, die ein Bauprodukt herstellt" und einer, die das Produkt „entwickeln oder herstellen lässt". Vielmehr geht es darum, wer nach außen hin, insbesondere dem Käufer gegenüber, als Verantwortlicher für das Produkt auftritt, welche (natürliche oder juristische) Person also „dieses Produkt unter ihrem eigenen Namen oder ihrer eigenen Marke vermarktet". Insofern gelten z. B. Baumarktketten beim Verkauf von Eigenmarken als Hersteller mit all den Verpflichtungen, die sich daraus ergeben.

Es ist diesen „Herstellern" zu empfehlen, sich hinsichtlich der Verpflichtungen, die sich für sie aus der Bauproduktenverordnung ergeben, gegenüber den physischen Herstellern privatrechtlich abzusichern.

Im Zusammenhang mit Bausätzen (siehe Kapitel 1.2) taucht immer wieder die Frage auf, welche Konsequenzen sich ergeben, wenn der Hersteller des Bausatzes einzelne Komponenten von einem anderen Hersteller zukauft. Diese Möglichkeit sollte nach Meinung des Verfassers im Allgemeinen in harmonisierten Spezifikationen nicht durch eigene Regelungen berücksichtigt werden. Es gilt, dass derjenige, der als Hersteller des Bausatzes auftritt, die Verantwortung für den ganzen Bausatz inklusive aller seiner Komponenten trägt und für die Erfüllung aller Anforderungen zu sorgen hat, die sich aus der Bauproduktenverordnung und ggf. aus anderen Rechtsakten ergeben. Dies schließt ggf. auch Anforderungen ein, die sich im Hinblick auf eine Erstinspektion des Herstellwerks sowie auf die laufende Überwachung der werkseigenen Produktionskontrolle (siehe Kapitel 9.1) beziehen. Insofern gilt hier das Gleiche, was oben hinsichtlich der Eigenmarken ausgeführt wurde.

1.7 Was ist der Produkttyp?

Die Begriffsdefinition in Art. 2 Nr. 9 BauPVO ist nicht leicht verständlich. Danach ist der Produkttyp der „Satz der repräsentativen Leistungsstufen oder Leistungsklassen eines Bauprodukts in Bezug auf seine Wesentlichen Merkmale, das unter Verwendung einer bestimmten Kombination von Rohstoffen oder anderer Bestandteile in einem bestimmten Produktionsprozess hergestellt wird“.

Es geht also offensichtlich darum, Informationen über die Produktleistungen zu verbinden mit deskriptiven Elementen, die das Produkt, seine Ausgangsmaterialien, Konstruktion, Zusammensetzung etc. umfassen. Die Definition des deskriptiven Teils und darauf basierend auch die Verknüpfung mit den Produktleistungen zum Produkttyp ist Aufgabe des Herstellers; Technische Bewertungsstellen oder notifizierte Stellen tragen ggf. nur den Teil bei, der die Bewertung der Produktleistung betrifft (siehe Bild 2).

Der Produkttyp ist mit einem eindeutigen Kenncode zu verknüpfen (siehe BauPVO, Art. 9 Abs. 2 und BauPVO, Anhang III). Die Wahl der Systematik für einen solchen Kenncode ist Sache des Herstellers. Wenn sich daraus eine eindeutige Zuordnung zum Produkt und seinem Verwendungszweck ergibt, kann das auch der Handelsname sein, ggf. z. B. zusammen mit Größenbezeichnungen o. Ä.

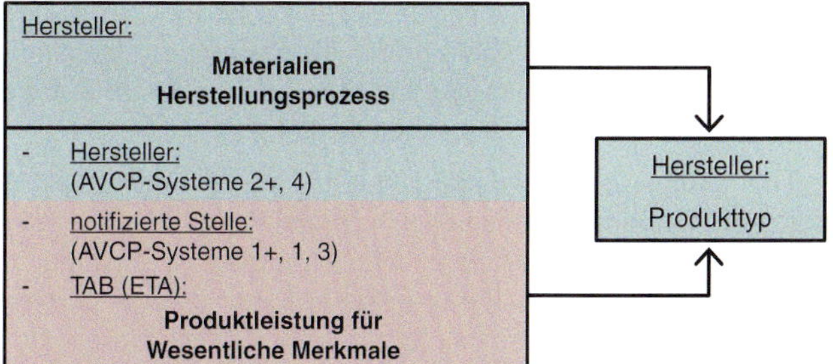

Bild 2: Die Definition des Produkttyps erfolgt durch den Hersteller. Ggf. arbeitet eine dritte Stelle (Technische Bewertungsstelle, notifizierte Stelle) im Hinblick auf die Ermittlung der Produktleistung zu (rosa unterlegt). AVCP ist die gängige Abkürzung für „Assessment and Verification of Constancy of Performance" (Bewertung und Überprüfung der Leistungsbeständigkeit, siehe Kapitel 9.1). TAB steht für „Technical Assessment Body" (Technische Bewertungsstelle).

1.8 Was bedeuten „Inverkehrbringen" und „Bereitstellung"?

Die „Bereitstellung auf dem Markt" ist „jede entgeltliche oder unentgeltliche Abgabe eines Bauprodukts zum Vertrieb oder zur Verwendung auf dem Markt der Union im Rahmen einer Geschäftstätigkeit" (siehe BauPVO, Art. 2 Nr. 16). Das „Inverkehrbringen" ist „die erstmalige Bereitstellung eines Bauprodukts auf dem Markt der Union" (siehe BauPVO, Art. 2 Nr. 17). Damit ist aber noch offen, ob sich das Inverkehrbringen

- auf „ein solches" Produkt bezieht, also auf den Produkttyp (siehe Kapitel 1.7), oder
- auf das jeweils konkrete Produkt, das heute, morgen oder in einem Jahr vom Hersteller verkauft wird.

Zu dieser zentralen Frage gab es leider im Laufe der Zeit zwei gegensätzliche Auslegungen. Das ist besonders bedauerlich, weil die Frage, ob dieser Begriff einen einmaligen oder einen immer wiederkehrenden Vorgang bezeichnet, von grundlegender konzeptioneller Bedeutung ist, wie im Zusammenhang mit etlichen anderen Fragen dieser Fragensammlung deutlich wird.

So interpretieren die Kommissionsdienste die Jahreszahl, die bei der CE-Kennzeichnung anzugeben ist (BauPVO, Art. 9 Abs. 2), als Angabe zu dem Jahr, in dem der Produkttyp, also „ein solches" Produkt erstmals vom Hersteller auf den Markt gebracht wurde (siehe Kapitel 10.5). Daran angelehnt könnte man versucht sein, von der oben erstgenannten Interpretation auszugehen. Ohne konkrete Begründung, nur mit Bezugnahme auf die „eindeutige Regelung“ der Bauproduktenverordnung interpretiert das Landgericht Limburg a. d. Lahn das Inverkehrbringen als „die erste Produktpräsentation auf dem freien Markt“[6].

Auf der anderen Seite beziehen sich Art. 2 Nr. 16 und 17 BauPVO auf das Produkt und gerade eben nicht auf den Produkttyp, der ja in Art. 2 Nr. 9 BauPVO bereits definiert worden ist. Im anderen Zusammenhang definiert die Europäische Kommission außerdem das Inverkehrbringen anders: „Was die ‚Bereitstellung‘ angeht, so bezieht sich das Inverkehrbringen nicht auf eine Produktart, sondern auf jedes einzelne Produkt, unabhängig davon, ob es als Einzelstück oder in Serie hergestellt wurde.“[7] Dann würde jede neue Lieferung ein erneutes Inverkehrbringen darstellen; es handelte sich beim Inverkehrbringen also nicht um einen einmaligen Vorgang (siehe auch Kapitel 1.3). Mit Bereitstellung wäre jede weitere Transaktion mit dem Produkt in der ggf. folgenden Handelskette gemeint.

Nach einigen Unsicherheiten wird aktuell allgemein die oben im zweiten Spiegelstrich genannte Auslegung von Art. 2 Nr. 16 und 17 der Bauproduktenverordnung angenommen. Dies wird von den Kommissionsdiensten auf ihrer „Frequently Asked Questions“-Seite (siehe Kapitel 11) unterstützt, siehe dort Nr. 4: Die Bedeutung des Begriffs „Inverkehrbringen“ ist „any supply of the (individual) construction product for the first time within the European Internal Market ...“ (Stand Juni 2020).

Dieser Interpretation folgend, ist die Leistungserklärung also ggf. in zwei Fällen anzupassen und auf einen aktuellen Stand zu bringen:

- wenn sich an den formalen Grundlagen etwas geändert hat (am häufigsten wird dies der Fall sein in Bezug auf die harmonisierte technische Spezifikation, auf der die Leistungserklärung basiert), oder
- wenn es sich nicht mehr um „ein solches“ Produkt (also denselben Produkttyp) handelt, wenn also am Produkt selbst etwas Wesentliches verändert wurde.

6 Urteil vom 06.05.2014, Az. 5 O 6/14

7 Bekanntmachung der Kommission 2016/C 272/01 „Leitfaden für die Umsetzung der Produktvorschriften der EU 2016 (‚Blue Guide‘)“, ABl. der EU C 272, 26.07.2016, dort Abschnitt 2.3. Allerdings sind Bauprodukte vom Anwendungsbereich dieser Mitteilung ausgenommen. Trotzdem könnte man vermuten, dass es das politische Ziel ist, einen Begriff von so grundsätzlicher Bedeutung für alle Produkte im Binnenmarkt gleich zu definieren. Dann wäre diese Definition auch auf Bauprodukte zu übertragen.

Die Entscheidung, ob es sich nach wie vor um „ein solches“ Bauprodukt handelt, trifft der Hersteller. Sie wird ggf. durch die Marktüberwachungsbehörden überprüft.

Dementsprechend bezieht sich dann auch die „Bereitstellung“ auf das jeweils konkrete Produkt. Die Definition dafür, was unter „Bereitstellung“ zu verstehen ist, ist sehr umfassend: „jede entgeltliche oder unentgeltliche Abgabe eines Bauprodukts zum Vertrieb oder zur Verwendung auf dem Markt der Union im Rahmen einer Geschäftstätigkeit“. Dazu gehören dann ggf. auch Beigaben zu „Hauptprodukten“. Wenn also z. B. ein Waschbecken verkauft und ihm dabei als Dienstleistung am Kunden ein Satz vom Waschbeckenhersteller zugekaufte Befestigungsmittel mitgegeben wird, und wenn diese Befestigungsmittel (Dübel, Schrauben) CE-gekennzeichnet werden müssen, da sie einer harmonisierten Norm unterliegen oder eine Europäische Technische Bewertung für sie ausgestellt worden ist, dann muss eine Leistungserklärung für diese Befestigungsmittel mitgegeben werden. Dies gilt unabhängig davon, ob das Waschbecken selbst der CE-Kennzeichnungspflicht unterliegt oder nicht.

1.9 Wann muss eine Leistungserklärung aufgestellt werden?

Eine Leistungserklärung muss nach Art. 4 Abs. 1 BauPVO (nur) aufgestellt werden, wenn eine (voll auf das Produkt und seinen Verwendungszweck zutreffende) hEN nach der Bauproduktenverordnung im Amtsblatt der Europäischen Union bekannt gemacht worden ist oder wenn der Hersteller sich selbst aktiv für den Weg zur CE-Kennzeichnung entschieden hat, indem er eine ETA beantragt und diese für sein Produkt erhalten hat (siehe Kapitel 1.1). Für die Beispiele aus Kapitel 1.2 ergibt sich: Für Wandfarben haben die Kommissionsdienste keine hEN nach der Bauproduktenrichtlinie bzw. -verordnung beauftragt, ebenso nicht für Kabelbinder. In der Praxis spielt es daher keine Rolle, ob diese Produkte als Bauprodukte zu qualifizieren sind oder nicht. Bei der Treppe sah es jedenfalls so lange anders aus, wie der Anwendungsbereich der EN 1090-1 umstritten war, sodass diese Norm ggf. als voll auf die Treppe zutreffend hätte herangezogen werden können, wenn man denn die Treppe als Bauprodukt qualifizierte und das Material (Stahl, Aluminium) stimmte.

Grundlage für die Leistungserklärung und die CE-Kennzeichnung ist die Fassung der harmonisierten Norm, die im Amtsblatt genannt ist.

Für ein Produkt, für das keine hEN existiert oder das von einer solchen Norm abweicht, kann vom Hersteller eine ETA beantragt werden. Die Abweichung kann gegeben sein, weil „das in der harmonisierten Norm vorgesehene Bewertungsverfahren für mindestens ein Wesentliches Merkmal dieses Produkts nicht geeignet ist" oder weil „die harmonisierte Norm für mindestens ein Wesentliches Merkmal dieses Produkts kein Bewertungsverfahren vorsieht" (BauPVO, Art. 19 Abs. 1). Außerdem berücksichtigt die Verordnung in Art. 19 noch den selbstverständlichen Fall, dass der Anwendungsbereich der Norm nicht passt. Zu beurteilen ist eine solche Abweichung in erster Linie durch den Hersteller. Er kann dazu auch ggf. z. B. eine notifizierte Stelle zu Rate ziehen. Allerdings wird eine Technische Bewertungsstelle auch selbst die Situation beurteilen müssen, wenn der Hersteller eine ETA beantragt.

Die Beantragung einer ETA ist freiwillig; der Hersteller kann sein Produkt ebenso nach nationalen Regeln in Verkehr bringen. Sobald er aber die Bewertung erhalten hat, muss er beim Inverkehrbringen dem Produkt eine Leistungserklärung mitgeben und das Produkt mit der CE-Kennzeichnung versehen. Andere Hersteller gleicher oder ähnlicher Produkte werden dadurch nicht gebunden; sie haben selbst die Möglichkeit, ihre Vorgehensweise zu wählen.

Die Pflicht zur Aufstellung einer Leistungserklärung zieht die Pflicht zur CE-Kennzeichnung nach sich (BauPVO, Art. 8 Abs. 2).

1.10 Gibt es Ausnahmen von der Pflicht zur Aufstellung einer Leistungserklärung?

Art. 5 BauPVO nennt drei Fälle, in denen ausnahmsweise, trotz Vorliegens einer zutreffenden hEN, keine Pflicht zur Aufstellung einer Leistungserklärung vorliegt. Voraussetzung für diese Ausnahmefälle ist aber in jedem Fall das „Fehlen von Bestimmungen auf Ebene der Union oder auf nationaler Ebene, die die Erklärung Wesentlicher Merkmale dort vorschreiben, wo die Bauprodukte zur Verwendung bestimmt sind". Es geht also nicht darum, dass ggf. bestimmte Merkmale gegeben sein müssen, sondern dass eine Erklärung dazu verlangt wird.

Die Ausnahmen, die unter der genannten Voraussetzung wirksam werden können, sind:

a) die individuelle (Nicht-Serien-)Fertigung eines Produkts für ein bestimmtes, einzelnes Bauwerk bei Einbau durch den Hersteller selbst,
b) die Herstellung des Produkts auf der Baustelle,
c) die Herstellung auf traditionelle Weise in einem nicht-industriellen Verfahren zum Einbau in geschützte Bauwerke.

Wann der erste Fall gegeben sein könnte, wird in Kapitel 1.11 behandelt.

Ein Beispiel für den Sachverhalt der zweiten Ausnahme ist Beton. Es gibt eine Norm für Beton (EN 206), die jedoch nicht harmonisiert ist. Der Grund hierfür ist, dass Beton sowohl auf der Baustelle hergestellt als auch als Transportbeton geliefert werden kann. Man hat es bereits zu Zeiten der Bauproduktenrichtlinie als mögliche Marktverzerrung bewertet, dass im ersten Fall kein Inverkehrbringen stattfindet und daher eine CE-Kennzeichnung weder angebracht werden muss noch angebracht werden darf, während bei Transportbeton das Gegenteil der Fall wäre. Man hat daher damals beschlossen, Beton nicht zum Gegenstand der CE-Kennzeichnung zu machen. Der dem Buchstaben b) zugrunde liegende Sachverhalt gilt auch für Ortbeton; aufgrund des Fehlens einer harmonisierten Norm muss sich jedoch der Ortbetonhersteller nicht auf diese Ausnahme berufen.

Im letzteren Fall handelt es sich z. B. um die Verwendung in denkmalgeschützten Gebäuden, also z. B. um den Ersatz (eines Teils) der kunstvoll geschnitzten Kirchentür oder eines bleiverglasten Fensters. Es liegt nahe, für zu diesem sehr speziellen Zweck angefertigte Produkte keine allgemeinen Forderungen aus der Bauproduktenverordnung abzuleiten. Die Verordnung regelt ja die Vermarktung und den Handel mit Bauprodukten im europäischen Binnenmarkt, was in diesem Fall nicht im Vordergrund steht.

1.11 Was bedeutet „Sonderanfertigung“ bzw. „Nicht-Serienfertigung“?

Die erste Ausnahme von der Pflicht zur Aufstellung einer Leistungserklärung (siehe Kapitel 1.10) ist praktisch am schwierigsten zu beurteilen. Die Frage, ob eine „Sonderanfertigung“ oder „Nicht-Serienfertigung“ vorliegt, spielt aber nicht nur in diesem Zusammenhang eine Rolle. Auch in Art. 38 BauPVO („Andere vereinfachte Verfahren“, siehe Kapitel 7.2) wird von den gleichen Voraussetzungen ausgegangen. Der einzige Unterschied ist, dass in Art. 38 nicht vorausgesetzt wird, dass der Hersteller selbst auch einbaut, wie das in Art. 5 BauPVO verlangt wird.

Nach Auskunft der Kommissionsdienste ist mit „Sonderanfertigung“ oder „Nicht-Serienfertigung“ z. B. die um die Ecke geführte Holztreppe im Einfamilienhaus gemeint, die der Zimmermann im Ort mit ihrer speziellen Geometrie handwerklich fertigt und einbaut (siehe auch Bild 3). Allgemein ist jedoch schwer zu beurteilen, ob es sich um „Nicht-Serienfertigung“ handelt. Da bereits die Bauproduktenrichtlinie in anderem Kontext Sonderregelungen mit Bezug auf Einzelfertigung/Nicht-Serienfertigung enthielt, wurde schon früher versucht, zu definieren, was darunter konkret zu verstehen ist. Als Beispiel dienten unter anderem Fenster. Fenster werden z. B. bei Ersatz im Bestand speziell für ein konkretes Gebäude und gerade im Altbaubereich wegen der dort oft gegebenen Maßabweichungen für ein ganz bestimmtes „Loch“ in der Wand hergestellt; die Herstellung erfolgt jedoch in einem „quasi-industriellen Prozess“, wie es damals hieß. Unterschiede in den Maßen der Fenster fielen daher nicht derart ins Gewicht, dass eine Qualifizierung von Fenstern als Beispiel für eine Einzelfertigung oder Nicht-Serienfertigung gerechtfertigt sei.

Diese Argumentation wird in den Ausnahmen von der Pflicht zur Aufstellung einer Leistungserklärung (BauPVO, Art. 5 lit. c, siehe Kapitel 1.10) erneut aufgegriffen. Hier ist von „nicht-industriellen Verfahren“ die Rede. Allerdings bezieht sich c) speziell auf den Bereich des Denkmalschutzes (oder möglicherweise ähnlicher Sachverhalte); der Gedanke, dass die Herstellung des Produkts in aufwendiger, mindestens zum Teil manueller Arbeit erfolgt, lässt sich jedoch auf „Nicht-Serienfertigung“ übertragen und war, wie oben erwähnt, auch früher schon eine Argumentationsgrundlage. Ergänzend zu den weiteren erläuternden Beschreibungen in Art. 5 und 38 BauPVO, die die Begriffe „Sonderanfertigung“ und „Nicht-Serienfertigung“ begleiten, ist also wohl als weiteres wesentliches Element die Frage zu prüfen, ob eine „nicht-industrielle Fertigung“ vorliegt. Wenn z. B. jedes beliebige Lochmuster in Metallbauteilen durch entsprechende Programmierung der Bohrmaschine leicht hergestellt werden kann, dann tritt ggf. der Aspekt in den Hintergrund, dass jedes Bauteil speziell für ein bestimmtes Bauwerk (und eventuell dort für den Einbau an einer ganz bestimmten Stelle) vorgesehen ist.

Bild 3: Bei dieser Treppe dürfte es sich um eine Einzelfertigung handeln.

2 Harmonisierte Spezifikationen

2.1 Was bedeutet es, dass eine Spezifikation harmonisiert ist?

Der Europäische Gerichtshof (EuGH) hat in seinem Urteil in der Sache „James Elliott“[8] entschieden, dass harmonisierte Normen der Auslegung durch den Europäischen Gerichtshof unterliegen.

Als Konsequenz aus diesem Urteil des Europäischen Gerichtshofs ergibt sich nach Auffassung der Kommissionsdienste, dass harmonisierte Normen einen besonderen Rechtsstatus haben. Außerdem erweitern die Kommissionsdienste ihre Interpretation des Urteils auch auf Europäische Bewertungsdokumente als der zweiten Art der harmonisierten Spezifikation nach der Bauproduktenverordnung, nachdem sich das Urteil des EuGH nur auf harmonisierte Normen bezog. Man kann die neue Situation wohl am besten so beschreiben, dass nicht mehr technische Spezifikationen mit rechtlicher Bedeutung geschrieben werden sollen, sondern Rechtstexte mit technischem Inhalt.

Die Kommissionsdienste haben aus dem Verfahren „James Elliott“ weitreichende Konsequenzen gezogen. So werden harmonisierte Spezifikationen nunmehr im Rahmen eines Rechtsakts bekannt gemacht (siehe Bild 5) und nicht mehr in einer Mitteilung der Kommission (siehe Bild 4). Diese Bekanntmachungen erfolgen auch erst nach einer peinlichen Prüfung der harmonisierten Spezifikationen durch die Kommissionsdienste, die sich gerade in formaler Hinsicht z. B. auch auf die Wortwahl und auf Formulierungen erstrecken kann. Die Kommissionsdienste werden dabei unterstützt durch Consultants, die die harmonisierten Spezifikationen einer Vorprüfung unterziehen; letztlich entscheiden aber die Kommissionsdienste über die Bekanntmachung der jeweiligen Spezifikation im Amtsblatt der EU als harmonisierte Spezifikation nach der Bauproduktenverordnung.

In die gleiche Richtung (unabhängig vom James Elliott-Urteil), also in Richtung einer Formalisierung der harmonisierten Spezifikationen, geht auch die Bauproduktenverordnung im Hinblick auf die Festlegung von Schwellenwerten oder Klassen, die im Rahmen eines Rechtsakts zu erfolgen hat (BauPVO, Art. 27). Es gibt daher bereits etliche solcher Rechtsakte.

Dies lässt die Befürchtung aufkommen, dass die Harmonisierung zunehmend einem „Top-Down“-Ansatz folgt. Deutsche Vorgehensweise war und ist (im europäisch nicht harmonisierten Bereich), dass freiwillige Spezifikationen erarbeitet werden, die

---

8 Rechtssache C-613/14

dann – ganz oder in Teilen, ggf. auch mit Abweichungen – im Rahmen öffentlich-rechtlicher Regelungen in Bezug genommen werden. Dieses Konzept konnte europäisch nicht 1:1 umgesetzt werden; es sollte aber möglich sein, dass die Kommission z. B. nicht mit Bewertungsverfahren belegte Wesentliche Merkmale identifiziert und für die Regelung durch die Mitgliedstaaten freigibt, bis ein Bewertungsverfahren in die harmonisierten Spezifikationen eingearbeitet worden ist.

Die aktuelle europäische Vorgehensweise geht also, wie oben erwähnt, dahin, dass die Verfasser der harmonisierten Spezifikationen *Rechtstexte* mit technischem Inhalt verfassen sollen. Dabei werden von den Kommissionsdiensten Vorschriften in zum Teil sehr detaillierter Art nicht nur zur Form bis hin zur Wortwahl, sondern auch zum Inhalt der Spezifikationen gemacht. So vertreten die Kommissionsdienste z. B. die Auffassung, dass in harmonisierten Normen nicht mehr durch den Anhang ZA zwischen „Wesentlichen“ (gemäß Bauproduktenverordnung) und anderen (freiwilligen) Merkmalen eines Bauprodukts unterschieden werden dürfe. Sie nehmen dabei Bezug ausschließlich auf Art. 2 Nr. 4 BauPVO (er definiert ein Wesentliches Merkmal lediglich durch seinen Bezug zu den Grundanforderungen an Bauwerke) und berücksichtigen nicht, dass der Sinn der Verordnung darin besteht, Handelshemmnisse zu beseitigen (siehe Kapitel 1.5).

Mitte der Achtzigerjahre wurde von Kommission und Mitgliedstaaten der sogenannte „Neue Ansatz“ entwickelt. Er hatte zum Ziel, Rechtstexte (damals ging es um die europäischen Richtlinien) nicht mit technischen Details zu überfrachten und gleichzeitig technische Spezifikationen von rechtlichen Vorgaben so weit wie möglich frei zu halten. Dieses Konzept hatte sich seitdem bewährt, wurde allerdings aufgrund von Interpretationen durch die Kommissionsdienste sowie vor allem durch das schon genannte Urteil des Europäischen Gerichtshofs letztlich ad absurdum geführt. Denn im Ergebnis enthalten nunmehr zwar nicht die Harmonisierungsvorschriften, also die Rechtstexte, die technischen Details, wie dies vor dem Neuen Ansatz der Fall war. Dafür aber werden nunmehr die technischen Spezifikationen als Rechtstexte behandelt, was ähnliche Probleme aufwirft wie diejenigen, die zur Einführung des Neuen Ansatzes geführt haben.

2.2 Welches Konzept liegt einer harmonisierten Spezifikation zugrunde?

Harmonisierte Normen müssen nach der Bauproduktenverordnung konzeptionell anders gestaltet sein als nach der Bauproduktenrichtlinie. Dasselbe Konzept gilt dann auch für die Europäischen Bewertungsdokumente, für die es allerdings unter der Bauproduktenrichtlinie kein richtiges Pendant gab.

Das Ziel, das mithilfe der harmonisierten Spezifikationen erreicht werden soll, ist ja nicht mehr der Nachweis der „Brauchbarkeit“ (wie unter der Bauproduktenrichtlinie), sondern die Definition der „europäischen technischen Sprache“, also der Prüf- oder ggf. auch Berechnungsverfahren, die verwendet werden, um Produktleistungen für Wesentliche Merkmale zu ermitteln.

Daraus ergibt sich z. B., dass die Anwendungsbereiche der harmonisierten Spezifikationen keine Interpretationsspielräume bieten dürfen. Unter der Bauproduktenrichtlinie gab es z. B. die Leitlinien für die europäische technische Zulassung. Sie beinhalteten keine Kochrezepte, sondern auf den Einzelfall hin zu interpretierende Vorgaben für europäische Zulassungsstellen, da man diesen Stellen die für dieses Konzept notwendige technische Kompetenz zugetraut hatte und da die Konsistenz der Vorgehensweise durch die Zusammenarbeit in der EOTA[9] sichergestellt war. Diese Möglichkeit der Interpretation der technischen Grundlagen und damit die Offenheit für die Berücksichtigung von Einzelfällen wurden abgeschafft.

Die harmonisierten Spezifikationen dürfen auch keine Anforderungen im Hinblick auf die Produktleistungen definieren. Die Einführung von Schwellenwerten oder Klassen ist nur erlaubt, wenn

- entweder eine bereits im Amtsblatt der EU bekannt gemachte harmonisierte Spezifikation oder eine (unter der Bauproduktenrichtlinie erarbeitete und der Kommission und den Mitgliedstaaten übermittelte) Leitlinie für die europäische technische Zulassung solche Schwellenwerte oder Klassen vorsieht oder
- wenn die Einführung der Schwellenwerte oder Klassen mit den Kommissionsdiensten (nach Befassung des Ständigen Ausschusses für das Bauwesen, also der Mitgliedstaaten) abgestimmt ist; das Ergebnis dieser Abstimmung wird in einem Rechtsakt der Kommission, einer „Delegierten Verordnung“, oder, für harmonisierte Normen, ggf. auch im Normungsauftrag festgelegt und bekannt gemacht. Auch der Normungsauftrag soll nach den aktuellen Vorstellungen die Form eines Rechtsakts erhalten.

Als Ergebnis aus dem James-Elliott-Urteil (siehe Kapitel 2.1) verlangen die Kommissionsdienste von CEN/CENELEC[10] und EOTA, in harmonisierten Spezifikationen, also harmonisierten Normen

9 zu diesem Zeitpunkt die „European Organisation for Technical Approvals“, die Europäische Organisation für technische Zulassungen

10 CEN ist die europäische Normungsorganisation, die nationale Organisationen wie z. B. das DIN als Mitglieder hat; CENELEC ist die entsprechende Organisation in der elektrotechnischen Normung.

und Europäischen Bewertungsdokumenten, grundsätzlich nur noch datiert zu verweisen. Dies soll der Rechtssicherheit dieser Spezifikationen dienen. Darüber hinaus dürfen möglicherweise in Bewertungsdokumenten (gleiches dürfte für harmonisierte Normen gelten) keine anderen Normen als EN-Normen in Bezug genommen werden, auch wenn solche anderen Normen (z. B. ASTM- oder DIN-Normen) auf Englisch öffentlich verfügbar sind.

Dieses Konzept wirft eine ganze Reihe praktischer Fragen auf:

- Bei der Vielzahl der in harmonisierten Normen und in Europäischen Bewertungsdokumenten in Bezug genommenen anderen Spezifikationen ist ein erheblicher Aufwand zu befürchten, um die harmonisierten Spezifikationen jeweils formal aktuell zu halten. Der Aufwand dürfte, im Zusammenhang mit der jeweiligen Überarbeitung der harmonisierten Spezifikationen, CEN/CENELEC und EOTA ebenso betreffen wie die Kommissionsdienste, die für die Bekanntmachung ständig neuer Fassungen harmonisierter Spezifikationen sorgen müssten.
- Da die Bewertung eines Produkts, vor allem also die Prüfungen zur Ermittlung der Produktleistungen, eine gewisse Zeit in Anspruch nimmt, stellte sich dann die Frage, welche Fassung der zugrunde liegenden harmonisierten Spezifikation denn die Basis sein soll, wenn während der Bewertung die harmonisierte Spezifikation durch Inbezugnahme einer neueren Fassung einer Prüfnorm geändert wird. Auch wenn die Änderung der Prüfnorm sich auf das Prüfverfahren nicht im Kern auswirkte und daher keine Auswirkung auf die zu ermittelnde Produktleistung hätte, bliebe zumindest das formale Problem, dass nicht die aktuelle Fassung Grundlage der Produktbewertung war.
- Es ist, grundsätzlich und gerade auch in diesem Zusammenhang, sinnvoll, sowohl in harmonisierten Normen als auch in Europäischen Bewertungsdokumenten diejenigen Aspekte zu benennen, die durch die Neufassung geändert worden sind. CEN geht so vor und auch EOTA hat schon vor längerer Zeit beschlossen, solche Angaben in Neufassungen von Bewertungsdokumenten vorzusehen. Sollten diese Angaben nun aber die Änderungen zu allen Vorgängerfassungen berücksichtigen oder nur die Änderungen im Vergleich zur jeweils letzten Fassung?
- Wenn die Inbezugnahme anderer Normen als EN-Normen nicht mehr möglich wäre, würde das im Einzelfall zu sehr umfangreichen und möglicherweise schwer lesbaren Spezifikationen führen.

Die hier grob angerissenen Probleme ließen sich noch beliebig in Unterpunkte unterteilen. Zu unterscheiden sind sachliche von formalen Problemen. Sachlich dürfte es vor allem eine Rolle spielen, ob die Änderung einer datiert in Bezug genommenen Prüfnorm Auswirkungen auf die ermittelte Produktleistung haben wird. Wenn das nicht der Fall ist, müsste es die Möglichkeit geben, dass Prüfungen, die auf einer „alten" Fassung einer Prüfvorschrift basieren, nicht aus rein formalen Gründen wiederholt werden müssen. Möglicherweise ließe sich dieses formale Problem durch entsprechende allgemeine Mustertexte in den harmonisierten Spezifikationen lösen.

Die harmonisierten Spezifikationen sollen eine neutrale Grundlage für die Produktbewertung schaffen, also für die Ermittlung der Produktleistungen für die Wesentlichen Merkmale. Das ist, mit Ausnahme von definierten Schwellenwerten, völlig unabhängig von dem konkreten Ergebnis, das eine hohe Qualität (im engeren Sinne des Begriffs) bedeuten, aber ebenso auch absurd schlechte Werte ausweisen kann. Das im Zusammenhang mit einer möglichen Verwendung eines Produkts zu beurteilen und ggf. Anforderungen zu definieren, ist Sache der Mitgliedstaaten, der Verfasser des Bauwerksentwurfs und der Verwender.

2.3 Welche rechtliche Bedeutung hat die Bekanntmachung harmonisierter Spezifikationen durch die Kommissionsdienste im Amtsblatt der Europäischen Union?

Die harmonisierten Normen werden getrennt jeweils für die unterschiedlichen Harmonisierungssektoren im Amtsblatt der EU bekannt gemacht. Die Bekanntmachungen der harmonisierten Normen nach der Bauproduktenrichtlinie bzw. verordnung im Amtsblatt erfolgten ab Juni 2005 bis März 2018 immer in Form einer konsolidierten Liste, die die vorherige Bekanntmachung ersetzte. Die jeweils letzte Liste war daher maßgebend bei der Frage, ob sich aus der Verordnung Pflichten ergeben (siehe Kapitel 1.9, unter der Bauproduktenrichtlinie waren mögliche Pflichten, insbesondere die Pflicht zur CE-Kennzeichnung, nicht so eindeutig geregelt). Die Liste enthielt u. a. Angaben zu Koexistenzperioden; die Pflicht zur Aufstellung einer Leistungserklärung und zur CE-Kennzeichnung aufgrund der in der Liste genannten harmonisierten Normen entstand und entsteht jeweils nach Ablauf der Koexistenzperiode (BauPVO, Art. 17 Abs. 5). Während der Koexistenzperiode *kann* die genannte harmonisierte Norm dazu herangezogen werden (siehe Bild 4).

9.3.2018 DE Amtsblatt der Europäischen Union C 92/139

Mitteilung der Kommission im Rahmen der Durchführung der Verordnung (EU) Nr. 305/2011 des Europäischen Parlaments und des Rates zur Festlegung harmonisierter Bedingungen für die Vermarktung von Bauprodukten und zur Aufhebung der Richtlinie 89/106/EWG des Rates

(Veröffentlichung der Titel und der Bezugsnummern der harmonisierten Normen im Sinne der Harmonisierungsrechtsvorschriften der EU)

Die Bestimmungen der Verordnung (EU) Nr. 305/2011 haben Vorrang gegenüber anderslautenden Bestimmungen in den harmonisierten Normen.

(Text von Bedeutung für den EWR)

(2018/C 092/06)

ENO ([1])	Bezugsnummer und Titel der Norm (und Bezugsdokument)	Referenz der ersetzten Norm	Beginn der Anwendung der Norm als harmonisierte Norm	Ende der Koexistenzperiode

CEN	EN 1:1998 Heizöfen für flüssige Brennstoffe mit Verdampfungsbrennern und Schornsteinanschluss		1.1.2008	1.1.2009
	EN 1:1998/A1:2007		1.1.2008	1.1.2009
CEN	EN 40-4:2005 Lichtmaste — Teil 4: Anforderungen an Lichtmaste aus Stahl- und Spannbeton		1.10.2006	1.10.2007
	EN 40-4:2005/AC:2006		1.1.2007	1.1.2007

Bild 4: Ausschnitte (Kopf und erste Zeilen) aus der letzten konsolidierten Liste harmonisierter Normen, bekannt gemacht in der Reihe C des Amtsblatts der EU

L 77/80 DE Amtsblatt der Europäischen Union 20.3.2019

DURCHFÜHRUNGSBESCHLUSS (EU) 2019/451 DER KOMMISSION

vom 19. März 2019

über die harmonisierten Normen für Bauprodukte zur Unterstützung der Verordnung (EU) Nr. 305/2011 des Europäischen Parlaments und des Rates

ANHANG I

Nr.	Fundstelle der Norm	Fundstelle der ersetzten Norm	Beginn der Koexistenzperiode (TT.MM.JJJJ)	Ende der Koexistenzperiode (TT.MM.JJJJ)

1.	EN 54-5:2017+A1:2018 Brandmeldeanlagen — Teil 5: Wärmemelder — Punktförmige Melder	EN 54-5:2000 Brandmeldeanlagen — Teil 5: Wärmemelder — Punktförmige Melder EN 54-5:2000/A1:2002	xx.yy.2019	31.8.2022
2.	EN 54-7:2018 Brandmeldeanlagen — Teil 7: Rauchmelder — Punktförmige Melder nach dem Streulicht-, Durchlicht- oder Ionisationsprinzip	EN 54-7:2000 Brandmeldeanlagen — Teil 7: Rauchmelder — Punktförmige Melder nach dem Streulicht-, Durchlicht- oder Ionisationsprinzip EN 54-7:2000/A1:2002 EN 54-7:2000/A2:2006	xx.yy.2019	31.8.2022

Bild 5: Ausschnitte (Kopf und erste Zeilen des Anhangs I) einer Bekanntmachung harmonisierter Normen im Amtsblatt der EU in Form eines Rechtsakts („Durchführungsbeschluss"). Die Angaben zum Beginn der Koexistenzperiode waren fehlerhaft und wurden im Amtsblatt Nr. L 318 vom 10.12.2019 berichtigt. Gemeint war jeweils der 20.03.2019 (siehe auch die NANDO-Datenbank (gelistet in Kapitel 11) der Kommissionsdienste, die allerdings keinen rechtsverbindlichen Charakter hat). Die Amtsblätter sind kostenlos im Internet verfügbar (siehe Kapitel 11).

Erstmals nach vielen Jahren wurden nun im März 2019 die harmonisierten Normen bzw. deren Neufassungen nicht mehr als vollständige neue Liste bekannt gemacht, sondern die Bekanntmachung enthielt nur noch die neu als harmonisiert genannten Normen oder Normenausgaben. Im Übrigen ist der Inhalt der Bekanntmachung unverändert. Allerdings erfolgt sie nicht mehr als Mitteilung der Kommission in der Reihe C des Amtsblatts der EU, sondern in Form eines Rechtsakts, eines Durchführungsbeschlusses der Kommission (siehe Bild 5). Diese neue Art der Bekanntmachung, die harmonisierte Normen aus allen Sektoren betrifft, macht die Bedeutung deutlich, die die Kommissionsdienste aufgrund der Rechtsprechung des Europäischen Gerichtshofs den harmonisierten Normen und ihrer rechtlichen Relevanz zumessen (siehe Kapitel 2.1).

Eine Norm, die unter der Bauproduktenverordnung aufgrund eines Normungsauftrags der Kommission durch die beauftragte europäische Normungsorganisation erstellt worden ist, hat den Status einer harmonisierten Norm, auch ohne dass sie im Amtsblatt der EU bekannt gemacht worden ist (siehe Kapitel 2.5). Die Verpflichtungen aufgrund der Norm ergeben sich aber erst durch diese Bekanntmachung (siehe Kapitel 1.9).

Bei den Europäischen Bewertungsdokumenten ist die Situation eine andere. Gemäß Anhang II Nr. 8 der Bauproduktenverordnung kann eine ETA – ohne dass das Bewertungsdokument im Amtsblatt der EU bekannt gemacht worden ist – ausgestellt werden, sobald das Bewertungsdokument in EOTA und mit den Kommissionsdiensten abgestimmt worden ist. Die Ausstellung mindestens einer ETA ist sogar die Voraussetzung für die Bekanntmachung im Amtsblatt. Rechtsfolgen ergeben sich also aus dem Bewertungsdokument bereits vor dessen Bekanntmachung; es kann für die Ausstellung von ETAs verwendet werden und muss selbstverständlich für alle Anträge auf Bewertung herangezogen werden, die in seinen Anwendungsbereich fallen.

Auch Europäische Bewertungsdokumente wurden jeweils in einer vollständigen Liste aller Bewertungsdokumente bekannt gemacht, sodass jede Liste die vorherige ersetzt hat. Wie bei den harmonisierten Normen auch, gingen die Kommissionsdienste ab 2019 von dieser Praxis ab und listeten nur noch die jeweils neu bekannt zu machenden Bewertungsdokumente auf. Dies geschieht wie bei den harmonisierten Normen in Form von Rechtsakten und nicht mehr als Mitteilung der Kommission (siehe Bild 6).

In sehr vielen Fällen ist die Einschaltung einer notifizierten Stelle im Rahmen der Erstinspektion und der laufenden Überwachung, Bewertung und Evaluierung der werkseigenen Produktionskontrolle erforderlich (bei den Systemen 1+, 1 und 2+ der Bewertung und Überprüfung der Leistungsbeständigkeit, siehe BauPVO, Anhang V, und Kapitel 9.1). Eine Stelle kann aber nur notifiziert werden, wenn die für die Notifizierung erforderlichen Angaben zur Verfügung stehen, nämlich „Angaben zu den auszuführenden Aufgaben, die Fundstelle der einschlägigen harmonisierten technischen Spezifikation sowie – für die Zwecke des in Anhang V genannten Systems – die wesentlichen Merkmale, für die die Stelle kompetent ist“ (BauPVO, Art. 48 Abs. 3).

Wichtig ist hier der Verweis auf die Fundstelle der einschlägigen harmonisierten technischen Spezifikation. Die Verordnung enthält Verweise auf „Fundstellen“ von harmonisierten Spezifikationen fast immer im Zusammenhang mit den Bekanntmachungen dieser Fundstellen im Amtsblatt der EU (siehe Erwägungsgrund Nr. 18, Art. 17 Abs. 5, Art. 18 Abs. 2, Art. 22, Art. 25 Abs. 2, Art. 44 BauPVO). Bei der „Fundstelle“ handelt es sich also offensichtlich um die Angabe der Nummer und der Fassung einer harmonisierten Spezifikation. Diese Fundstelle wird dann jeweils im Amtsblatt bekannt gemacht. Danach wäre eine Notifizierung basierend lediglich auf der Information über Nummer und Fassung eines Bewertungsdokuments möglich, ohne dass das Bewertungsdokument bereits im Amtsblatt der EU bekannt gemacht worden ist.

Die Kommissionsdienste interpretieren allerdings Art. 22 BauPVO so, dass ein Bewertungsdokument allgemein erst durch die Bekanntmachung im Amtsblatt eine rechtliche Bedeutung erlangt. Daraus ergibt sich auch, dass es als Grundlage für eine Notifizierung erst nach der Bekanntmachung im Amtsblatt zur Verfügung steht. Letztlich haben sich wohl alle Mitgliedstaaten, teilweise trotz Bedenken, dieser Interpretation der Kommissionsdienste angepasst. Ebenso setzen die Kommissionsdienste die Bekanntmachung einer harmonisierten Norm im Amtsblatt der EU voraus, damit darauf basierend eine Stelle notifiziert werden kann.

Im Unterschied zu harmonisierten Normen gilt für Bewertungsdokumente: Bei den Systemen 3 und 4, bei denen die Einschaltung einer notifizierten Stelle in keinem Fall (System 4) oder jedenfalls nicht bei Vorliegen einer ETA (System 3, siehe BauPVO, Anhang V, Nr. 1.6) erforderlich ist, kann der Hersteller sein Produkt auch ohne Bekanntmachung des relevanten Bewertungsdokuments im Amtsblatt der EU mit Leistungserklärung und CE-Kennzeichnung in Verkehr bringen.

Ergänzend sei noch erwähnt, dass die Kommissionsdienste als elektronisches Werkzeug der Information über harmonisierte Spezifikationen und notifizierte Stellen sowie auch für den eigentlichen Vorgang der Notifizierung von Stellen das internetgestützte NANDO-System (New Approach Notified and

3.7.2020 DE Amtsblatt der Europäischen Union L 211/19

DURCHFÜHRUNGSBESCHLUSS (EU) 2020/962 DER KOMMISSION

vom 2. Juli 2020

zur Änderung des Durchführungsbeschlusses (EU) 2019/450 hinsichtlich der Veröffentlichung der Referenznummern Europäischer Bewertungsdokumente für bestimmte Bauprodukte

ANHANG

Im Anhang der Durchführungsverordnung (EU) 2019/450 werden die folgenden Zeilen in fortlaufender Folge gemäß der Reihenfolge der Referenznummern eingefügt:

030400-00-0605	Bausatz aus einer Polymer-Abdichtungsbahn zur Abdichtung von Wänden und Böden in Nassräumen und Schwimmbecken im Innen- und Außenbereich
040465-00-0404	WDVS mit Putzsystem auf einlagigen oder mehrlagigen Holzuntergründen
040729-00-1201	Wärmedämmung aus loser Mineralwolle
041389-00-1201	Platten aus gepresstem Naturkork zur Wärme- und Schalldämmung
130186-00-0603	Dreidimensionale Nagelteller (als Ersatz für die technische Spezifikation „ETAG 015")
130118-01-0603	Schrauben und Gewindestangen als Holzverbindungsmittel (als Ersatz für EAD 130118-00-0603)

Bild 6: Bekanntmachung neuer Europäischer Bewertungsdokumente durch die Kommissionsdienste im Amtsblatt der EU (Ausriss), Amtsblatt der EU L 211 vom 03.07.2020. Diese Bekanntmachung ergänzt frühere Bekanntmachungen formal um weitere Bewertungsdokumente.

Designated Organisations; siehe auch Kapitel 11) verwenden. Normalerweise erfolgt eine Notifizierung mittels elektronischer Eingabe in diese Datenbank durch eine Behörde des verantwortlichen Mitgliedstaats. Das bedeutet jedoch nicht, dass eine harmonisierte Spezifikation in NANDO verfügbar sein muss, um als Grundlage der Notifizierung dienen zu können, denn NANDO ist lediglich ein Werkzeug und keine rechtliche Voraussetzung. Die Eintragungen in NANDO u. a. im Hinblick auf harmonisierte Spezifikationen sind durchaus nicht immer deckungsgleich mit den Informationen des Amtsblatts. In derartigen Fällen ist das Amtsblatt maßgebend.

Die jeweils aktuellen Ausgaben des Amtsblatts mit Bekanntmachungen harmonisierter Normen stehen auf einer Internetseite der Kommission zum Herunterladen bereit (siehe Kapitel 11).

2.4 Wie muss der Verwendungszweck in einer harmonisierten Spezifikation definiert sein?

Die Aufgabe der harmonisierten Spezifikationen (der harmonisierten Normen und Europäischen Bewertungsdokumente) ist es, europäisch harmonisierte Prüf- und Bewertungsverfahren zur Verfügung zu stellen. Das ist nur möglich vor dem Hintergrund eines allgemein beschriebenen Verwendungszwecks, also z. B. „zur Verwendung im Innern von Gebäuden“. Dann ist völlig klar, dass die Bewertungsverfahren einen Witterungseinfluss nicht berücksichtigen müssen. Demgegenüber ist aber möglicherweise eine Auswirkung auf die Innenraumluft relevant.

Es sind also auf der einen Seite solche Angaben zum vorgesehenen Verwendungszweck erforderlich; auf der anderen Seite dürfen die harmonisierten Spezifikationen nicht in die Rechte der Mitgliedstaaten eingreifen und Details der Verwendung festlegen, also z. B. „zur Verwendung in Fluchtwegen“ oder „zur Verwendung in Aufenthaltsräumen“. Dies würde die Kompetenzen der Mitgliedstaaten unzulässig einschränken, die selbst festlegen, welche Anforderungen z. B. an Fluchtwege gestellt werden und was sich daraus für die Produkte ergibt, die ggf. in diesem Bereich verwendet werden dürfen.

2.5 Wann ist eine Spezifikation „harmonisiert“?

Art. 2 Nr. 11 BauPVO definiert eine harmonisierte Norm als „eine Norm, die von einem der in Anhang I der Richtlinie 98/34/EG aufgeführten europäischen Normungsgremien[11] auf der Grundlage

---

11 Richtlinie 98/34/EG des Europäischen Parlaments und des Rates vom 22. Juni 1998 über ein Informationsverfahren auf dem Gebiet der Normen und technischen Vorschriften (Amtsblatt der Europäischen Union L 204 vom 21.07.1998) – die dort genannten Normungsgremien sind das Europäische Komitee für Normung CEN, das Europäische Komitee für elektrotechnische Normung CENELEC und das Europäische Institut für Telekommunikationsnormen ETSI;

eines Ersuchens der Kommission nach Artikel 6 jener Richtlinie angenommen wurde“. Maßgebend sind also

1) hinsichtlich des Verfahrens: der Normungsauftrag durch die Europäische Kommission,
2) hinsichtlich der Zuständigkeit: die Organisation, die die Norm erstellt, und
3) hinsichtlich des Zeitablaufs: die Fertigstellung der Norm durch die beauftragte Organisation.

Interessant ist vor allem das Thema „Zeitablauf“. Bei harmonisierten Normen ergibt sich aus der Definition, dass die Bekanntmachung im Amtsblatt der EU nicht die Voraussetzung ist, um von einer Norm als „harmonisiert“ sprechen zu können. Diese Regelung ist konsistent mit Art. 2 Abs. 1 lit. c sowie mit Art. 10 Abs. 6 der Verordnung (EU) Nr. 1025/2012 zur europäischen Normung[12]. Letzterer besagt: „Wenn eine harmonisierte Norm den Anforderungen genügt, die sie abdecken soll und die in den entsprechenden Harmonisierungsrechtsvorschriften der Union festgelegt sind, veröffentlicht die Kommission unverzüglich eine Fundstelle einer solchen harmonisierten Norm im *Amtsblatt der Europäischen Union* ...“. Die Norm gilt also auch nach dieser horizontalen Verordnung bereits als harmonisiert, bevor sie im Amtsblatt der EU als harmonisierte Norm bekannt gemacht worden ist.

Insofern sind hinsichtlich der Verpflichtungen, die sich aufgrund des Vorliegens einer zutreffenden harmonisierten Norm für Hersteller ergeben, Art. 4 Abs. 1 und Art. 17 Abs. 5 BauPVO zusammen zu lesen. Nach Art. 4 Abs. 1 bestünde die Verpflichtung zur Aufstellung einer Leistungserklärung sofort nach Fertigstellung der Norm, da der Artikel lediglich die Existenz einer harmonisierten Norm voraussetzt. Art. 17 Abs. 5 führt dann aber Koexistenzperioden ein und legt damit indirekt den Zeitpunkt fest, ab dem jeweils eine Leistungserklärung basierend auf einer

inzwischen ersetzt durch die Richtlinie (EU) 2015/1535 des Europäischen Parlaments und des Rates vom 9. September 2015 über ein Informationsverfahren auf dem Gebiet der technischen Vorschriften und der Vorschriften für die Dienste der Informationsgesellschaft (Amtsblatt der Europäischen Union L 241 vom 17.09.2015)

12 Verordnung (EU) Nr. 1025/2012 des europäischen Parlaments und des Rates vom 25. Oktober 2012 zur europäischen Normung, zur Änderung der Richtlinien 89/686/EWG und 93/15/EWG des Rates sowie der Richtlinien 94/9/EG, 94/25/EG, 95/16/EG, 97/23/EG, 98/34/EG, 2004/22/EG, 2007/23/EG, 2009/23/EG und 2009/105/EG des Europäischen Parlaments und des Rates und zur Aufhebung des Beschlusses 87/95/EWG des Rates und des Beschlusses Nr. 1673/2006/EG des Europäischen Parlaments und des Rates (Amtsblatt der EU L 316 vom 14.11.2012)

bestimmten Fassung einer harmonisierten Norm erstellt werden *darf* – wohlgemerkt nicht früher! – sowie den Zeitpunkt, ab dem eine Leistungserklärung basierend auf dieser Normenfassung erstellt werden *muss* (siehe Kapitel 3.3).

Bei den Europäischen Bewertungsdokumenten liegt der Fall anders, allein schon deswegen, weil es neben der Bauproduktenverordnung keine anderen Rechtsgrundlagen gibt, die als Vergleich herangezogen werden könnten. Die Verordnung definiert ein Europäisches Bewertungsdokument als „ein Dokument, das von der [EOTA] zum Zweck der Ausstellung Europäischer Technischer Bewertungen angenommen wurde". Auch hier gibt es also den Verweis auf die zuständige Organisation sowie – wiederum – auf den Zeitablauf. Vergleicht man dazu die Vorschriften zum Verfahren der Erarbeitung von Bewertungsdokumenten in Anhang II der Verordnung, dann stellt man fest, dass es zwei Stufen gibt, in denen ein Bewertungsdokument von der EOTA „angenommen" wird.

Die erste dieser Stufen ist nach dem letzten Absatz aus Anhang II Nr. 7 die Annahme des in der EOTA, mit dem Hersteller und mit den Kommissionsdiensten abgestimmten Bewertungsdokuments. Die zweite Stufe wird in Nr. 8 des Anhangs II beschrieben und betrifft die Annahme einer möglichen „Anpassung" des Bewertungsdokuments, die ggf. „anhand der bisherigen Erfahrungen" nach der Ausstellung der ersten Europäischen Technischen Bewertung erforderlich ist.

Da sich *Verpflichtungen* für Hersteller nicht aus dem Vorliegen eines Bewertungsdokuments, sondern nur aus der Ausstellung einer ETA bezogen auf den Hersteller und sein Produkt ergeben (siehe Kapitel 1.9), spielt es hier keine Rolle, nach welcher dieser Stufen vom Vorliegen einer harmonisierten Spezifikation ausgegangen werden kann. Es spielt aber eine Rolle für die *Möglichkeit* der Hersteller, schnell zu einer Bewertung zu kommen.

EOTA geht davon aus, dass das Erreichen der o. g. ersten Stufe (Abstimmung in der EOTA, mit dem Hersteller und den Kommissionsdiensten) ein Dokument nach sich zieht, das als Grundlage für die Ausstellung von ETAs von jeder Technischen Bewertungsstelle verwendet werden kann, unabhängig von dem Antrag, durch den die Erarbeitung des Bewertungsdokuments initiiert worden ist. Demgegenüber gab es vereinzelte Äußerungen aus den Kommissionsdiensten, wonach nur *eine* ETA auf dieser Grundlage ausgestellt werden dürfe; erst nach der Bekanntmachung des EAD im Amtsblatt der EU (wofür die Ausstellung *einer* ETA die Voraussetzung ist) dürften weitere ETAs ausgestellt werden. Für diese Sichtweise gibt es aber nach Meinung des Verfassers keine belastbaren Grundlagen in der Bauproduktenverordnung.

Die Frage, wann eine Spezifikation als harmonisiert zu gelten hat, ist übrigens auch im Zusammenhang mit Formalen Verfahren nach den Artikeln 18 (mit Bezug auf harmonisierte Normen) oder 25 BauPVO (mit Bezug auf Europäische Bewertungsdokumente) von Bedeutung. Offensichtlich können derartige Verfahren bereits begonnen werden, ehe die Normen bzw. Bewertungsdokumente im Amtsblatt bekannt gemacht worden sind.

2.6 Welche Konsequenzen haben Änderungen an harmonisierten Spezifikationen für Produkte, die bereits in Verkehr gebracht worden sind?

Die Leistungserklärung wird bei jedem Inverkehrbringen eines konkreten Bauprodukts mitgegeben (siehe Kapitel 1.8). Sie muss dabei den jeweils aktuellen Stand der formalen Randbedingungen, also z. B. die gemäß den Bekanntmachungen im Amtsblatt der EU zugrunde zu legende Fassung der harmonisierten Norm berücksichtigen (siehe Kapitel 3.1 bis 3.3).

Bleiben wir zuerst bei harmonisierten Normen als formaler Grundlage für die Aufstellung der Leistungserklärung. Im Unterschied zu den Aussagen des vorherigen Absatzes haben Vertreter der Kommissionsdienste zeitweilig die Auffassung vertreten, dass auch nach Bekanntmachung einer Änderung oder einer Neuausgabe einer harmonisierten Norm im Amtsblatt der EU ein Produkt weiterhin mit derselben Leistungserklärung und auf der Grundlage der Normfassung in Verkehr gebracht werden darf, die zum Zeitpunkt der erstmaligen Erstellung der Leistungserklärung für diesen Produkttyp gültig war. Diese Sichtweise hing u. a. mit dem damaligen Verständnis des Begriffs „Inverkehrbringen" zusammen (siehe Kapitel 1.8), wird jedoch offensichtlich nicht mehr vertreten (siehe Kapitel 3.1).

Im Fall, dass ein konkretes Produkt bereits in Verkehr gebracht worden ist, wenn sich an den formalen Voraussetzungen im Zusammenhang mit der zugrunde liegenden harmonisierten Norm etwas ändert, hat das keine Auswirkungen auf die Gültigkeit der dem Produkt mitgegebenen Leistungserklärung. Beispielsweise hat der Hersteller das Produkt zusammen mit der korrekt aufgestellten Leistungserklärung an einen Baumarkt geliefert. Danach läuft die Koexistenzperiode für die ältere Fassung der harmonisierten Norm, die Grundlage für die Leistungserklärung war, gemäß den Angaben im Amtsblatt aus und die Leistungserklärung darf nur noch aufgrund der neuen Normfassung aufgestellt werden (siehe Kapitel 3.1). Dies gilt aber nur für die ab diesem Zeitpunkt vom Hersteller in Verkehr gebrachten Produkte; der

Baumarkt kann sein Produkt mit der „veralteten“ Leistungserklärung verkaufen.

Was bedeutet der Zeitpunkt der Aufstellung der Leistungserklärung jedoch, wenn sie auf der Grundlage einer ETA erstellt worden ist? Die harmonisierte Spezifikation ist das Europäische Bewertungsdokument. Wenn ein solches Bewertungsdokument geändert worden ist, können die ETAs, die auf der älteren Fassung basierend ausgestellt worden sind, ohne entsprechenden Antrag des Herstellers im Allgemeinen weder seitens der Technischen Bewertungsstelle geändert noch zurückgezogen werden. Eine ETA gilt ja unbegrenzt; die ausstellende Technische Bewertungsstelle hat darauf keinen Zugriff mehr (siehe vor allem Kapitel 6.3).

Das bedeutet auch, dass ältere Fassungen von Europäischen Bewertungsdokumenten ebenso wie die aktuelle von der EOTA so lange zur Verfügung gestellt werden müssen, wie es ETAs gibt, die jeweils auf einer solchen älteren Fassung basieren.

Es gilt zwei Fälle zu unterscheiden: Das Europäische Bewertungsdokument wurde formal geändert, z. B. weil von den Kommissionsdiensten ein Wesentliches Merkmal festgelegt worden ist, für das immer eine Leistung zu erklären ist (BauPVO, Art. 60 lit. a) oder weil das System zur Bewertung und Überprüfung der Leistungsbeständigkeit (siehe Kapitel 9.1) von den Kommissionsdiensten geändert worden ist (BauPVO, Art. 60 lit. h). Solche neuen Festlegungen wären in jedem Fall von jedem Hersteller zu berücksichtigen, auch wenn die ihrer ETA zugrunde liegende Fassung des Bewertungsdokuments die neue Situation noch nicht berücksichtigen konnte. Es bestünde überhaupt keine Notwendigkeit dafür, an den ETAs etwas zu ändern, außer ggf., um aus Gründen der Klarheit und Eindeutigkeit die ETA an den neuen formalen Sachstand anzupassen.

Anders kann der Fall liegen, wenn aufgrund von neuen technisch-wissenschaftlichen Erkenntnissen oder aufgrund der nach einiger Zeit mit dem Produkt vorliegenden Erfahrungen an den Bewertungsverfahren etwas geändert werden muss. Sollte eine solche Änderung dazu führen, dass die nach den neuen Verfahren ermittelten Produktleistungen sich wesentlich von den aufgrund der früheren Verfahren in ETAs ausgewiesenen Leistungen unterscheiden, dann besteht Handlungsbedarf. Die jeweilige Technische Bewertungsstelle sollte in einem solchen Fall die Hersteller, für die sie auf der Grundlage des betroffenen Bewertungsdokuments ETAs ausgestellt hat, über den Sachverhalt informieren und ihnen nahelegen, eine neue ETA zu beantragen. Dieser Antrag bliebe aber freiwillig.

Die EOTA stellt, wie erläutert, ggf. mehrere Fassungen der Bewertungsdokumente zur Verfügung. In den Neufassungen von

Bewertungsdokumenten wird im Rahmen des Anwendungsbereichs erläutert, wodurch sie sich von der vorherigen Fassung unterscheiden. Dies dient u. a. dazu, dass Marktteilnehmer die Möglichkeit haben, sich darüber zu informieren, ob eine ETA, die ihnen vorgelegt oder auf die in einer Leistungserklärung verwiesen wird, den aktuellen technischen Stand widerspiegelt.

2.7 Welche Konsequenzen hat eine Änderung an einer harmonisierten Spezifikation für Stellen, die auf der Grundlage dieser harmonisierten Spezifikation notifiziert worden sind?

Die Notifizierung von Stellen erfolgt mit Bezug auf eine bestimmte Fassung der harmonisierten Spezifikation, also sozusagen datiert. Jede Bekanntmachung einer neuen Fassung einer harmonisierten Norm, verbunden mit dem Verweis im Amtsblatt der EU auf die vorherige Fassung als „ersetzt", führt also zur Notwendigkeit einer erneuten Notifizierung.

Gleiches gilt für Europäische Bewertungsdokumente. Hier ist allerdings wichtig, dass die Notifizierung, parallel zur Notifizierung mit Bezug auf eine aktuelle EAD-Fassung, ggf. auch für eine frühere Fassung des EAD gültig bleiben muss, denn die basierend auf dieser Fassung des EAD ausgestellten ETAs sind ebenfalls weiterhin gültig und können als Grundlage für die Aufstellung der Leistungserklärung herangezogen werden (siehe Kapitel 2.3 und 6.3). Daher verbietet sich eigentlich bei Bekanntmachung eines EAD im Amtsblatt der EU der Verweis auf eine frühere Fassung des EAD als „ersetzt". Trotzdem gehen die Kommissionsdienste in den Bekanntmachungen von EADs so vor. Die Bekanntmachungen von EADs erfolgten dann seit 2019 – wie bei den harmonisierten Normen auch – nicht mehr als konsolidierte, also vollständige Liste aller bekannt gemachten EADs und auch nicht mehr als Mitteilung, sondern es wurden im Rahmen von Rechtsakten lediglich die jeweils neu hinzugekommenen EADs bzw. EAD-Fassungen bekannt gemacht (siehe Bild 6).

3 Harmonisierte Normen

3.1 Was ist zu beachten, wenn eine alte Fassung einer harmonisierten Norm von einer neuen Fassung abgelöst wird?

Der Fall liegt etwas anders als bei der „Konkurrenz“ zwischen einer ETA und einer später fertiggestellten harmonisierten Norm (siehe Kapitel 6.13). Wie in Kapitel 1.8 erläutert, muss beim Inverkehrbringen jedes einzelnen Produkts der jeweils formal aktuelle Stand berücksichtigt werden.

Die Bekanntmachungen im Amtsblatt führen nicht nur ggf. die neue Fassung einer harmonisierten Norm auf, sondern sie bezeichnen auch die entsprechende alte Fassung als „ersetzt“; damit steht sie offensichtlich nicht mehr als Grundlage für die Aufstellung der Leistungserklärung und für die CE-Kennzeichnung zur Verfügung. Dabei sehen die Bekanntmachungen Koexistenzperioden vor (siehe Kapitel 3.3). Dieses Konzept wäre wenig sinnvoll, wollte man ad infinitum akzeptieren, dass ein Produkt weiterhin mit einer Leistungserklärung basierend auf einer alten Normenfassung bereitgestellt werden darf, wie dies zeitweise von Mitarbeitern der Kommissionsdienste vertreten worden ist. Wenn also eine harmonisierte Norm Grundlage der Leistungserklärung war und zu dieser Norm eine neue Fassung existiert, muss – nach Ablauf der Koexistenzperiode – diese neue Fassung der harmonisierten Norm der Leistungserklärung zugrunde gelegt werden.

Spätestens mit der geänderten Interpretation des Begriffs „Inverkehrbringen“ gehen auch die Kommissionsdienste inzwischen davon aus, dass ab dem Ende einer Koexistenzperiode nur noch die dann jeweils geltende Fassung einer harmonisierten Norm Grundlage der Leistungserklärung und der CE-Kennzeichnung sein kann (vgl. Nr. 32 auf der „Frequently Asked Questions“-Seite der Kommissionsdienste, Stand Juni 2020; siehe Kapitel 11).

3.2 Welche Konsequenzen hat es, wenn eine als harmonisiert bekannt gemachte Normenfassung von CEN/CENELEC als „zurückgezogen“ gekennzeichnet ist?

Bis eine von CEN/CENELEC erarbeitete Neufassung einer harmonisierten Norm von den Kommissionsdiensten im Amtsblatt der EU bekannt gemacht wird, kann es in vielen Fällen leider Monate oder Jahre dauern.

Die Situation ist dabei nach dem Inkrafttreten der Bauproduktenverordnung eine besondere. Harmonisierte Normen müssen dem unter Kapitel 2.2 beschriebenen neuen Konzept folgen und Fassungen, die unter der Bauproduktenrichtlinie entstanden sind, müssen daher umgeschrieben werden. Das betraf und betrifft auch ggf. bereits fertige neue Normenfassungen. Nach Auffassung der Kommissionsdienste sei dies sehr häufig nicht in korrekter Weise erfolgt.

Hinzu kommt, dass die Kommissionsdienste aufgrund ihrer Interpretation des unter Kapitel 2.1 aufgegriffenen Urteil des Europäischen Gerichtshofs hinsichtlich der Bekanntmachung harmonisierter Spezifikationen eine besondere und nochmals erhöhte Sorgfalt an den Tag legen, um aus ihrer Sicht vorhandene Mängel in diesen Rechtstexten auszuschließen. Auch das Verfahren der Bekanntmachung wurde geändert; die Normen werden nicht mehr in Mitteilungen der Kommission, sondern im Rahmen eines Rechtsakts bekannt gemacht (siehe Kapitel 2.3 und Bild 5). Das gilt übrigens nicht nur für harmonisierte Normen nach der Bauproduktenverordnung.

Bei der Durchsicht der Liste der harmonisierten Normen nach der Bauproduktenverordnung stellt man daher schnell fest, dass sehr viele dieser Normen vergleichsweise alt sind. Rund 50 % der Normen oder Normenteile, die als harmonisiert im Amtsblatt der EU genannt werden, haben ein Ausgabedatum, das vor 2008 liegt (Stand: Juni 2020). Die Normungsarbeit ist aber in den letzten zehn Jahren natürlich nicht stehen geblieben. Daraus ergibt sich, dass eine Vielzahl von Neufassungen dieser Normen existieren, die einerseits in vielen Fällen auf der Normungsebene bereits die vorherigen Fassungen abgelöst haben, die andererseits aber eben nicht als harmonisiert im Amtsblatt der EU aufgeführt werden.

Der Grund für die zunehmende Warteschlange an Änderungen oder Neufassungen von harmonisierten Normen liegt darin, dass die Kommissionsdienste in diesen neuen Normfassungen formale Mängel identifiziert haben; diese Normen stimmen nach ihrer Auffassung nicht mit dem Konzept der Bauproduktenverordnung überein. Nur zwei Beispiele für die häufigsten Probleme:

– Nach Auskunft der Kommissionsdienste enthalten viele zur Harmonisierung von CEN/CENELEC vorgesehene Normen Klassen oder Schwellenwerte, die noch nicht mit den Kommissionsdiensten und den Mitgliedstaaten abgestimmt sind. Die Art. 3 Abs. 3, Art. 27 Abs. 1 bis 3 und Art. 60 lit. a und f der Bauproduktenverordnung besagen, dass (nur) die Kommissionsdienste im Rahmen eines delegierten Rechtsakts Schwellenwerte und Leistungsklassen für bestimmte Produktfamilien festlegen können. Daher werden von den

Kommissionsdiensten nach und nach solche Rechtsakte zu Leistungsklassen oder Schwellenwerten erlassen, wenn das von CEN/CENELEC beantragt wird, weil deren Normen solche Schwellenwerte oder Klassen vorsehen (sollen). Wo keine derartigen Rechtsakte für Klassen erlassen worden sind, können außerdem die Normungsgremien Klassen auf der Grundlage eines geänderten Mandats vorsehen, was wiederum die Einschaltung der Kommissionsdienste voraussetzt, die die Normungsaufträge (genannt „Mandate“ oder seit etwa 2018 „Standardisation Requests“) erteilen, sowie außerdem die zugehörige Befassung der Mitgliedstaaten. Auch die Standardisation Requests sollen als Rechtsakt herausgegeben werden.

Schwellenwerte oder Klassen aus bereits im Amtsblatt der EU bekannt gemachten harmonisierten Normen oder Leitlinien für europäische technische Zulassungen (aus der Zeit der Bauproduktenrichtlinie) dürfen aber übernommen werden, ohne dass eine (nochmalige) formale Festlegung erforderlich ist.

- Manche Normen legen Anforderungen fest. Das entspricht nicht dem Konzept der Bauproduktenverordnung. Harmonisierte Spezifikationen dienen lediglich dazu, harmonisierte Bewertungsverfahren für Wesentliche Merkmale zu definieren. Europäisch spielt es keine Rolle, wie „gut“ die Produkte sind, d. h., welche Produktleistungen sie erreichen. Das Anforderungsniveau für die Produktleistungen im Zusammenhang mit bestimmten Verwendungszwecken festzulegen, ist Sache der Mitgliedstaaten.

Aufgrund der zunehmenden Diskrepanz zwischen dem privatrechtlichen und dem öffentlich-rechtlichen System stellt sich natürlich häufig die Frage, welche Normenfassung denn nun diejenige ist, nach der man sich richten muss: die aktuelle Normenfassung, aufgrund derer die im Amtsblatt genannte Fassung ggf. bereits seit langer Zeit von CEN/CENELEC als „zurückgezogen“ gekennzeichnet ist, oder eben diese ältere, im Amtsblatt genannte Fassung.

Bei einem Widerspruch zwischen der öffentlich-rechtlichen Ebene (Bekanntmachungen im Amtsblatt der EU basierend auf der Bauproduktenverordnung und mit rechtlichen Konsequenzen) und der privatrechtlichen Ebene (interne Regeln der europäischen Normungsorganisationen) sind die öffentlich-rechtlichen Bestimmungen maßgeblich. Es sind daher für die Aufstellung der Leistungserklärung und für die CE-Kennzeichnung immer die Normfassungen anzuwenden, die zuletzt im Amtsblatt der EU als harmonisiert bekannt gemacht worden sind. Der daraus entstehenden Unsicherheit kann bei entsprechenden Nachfragen nur jeweils mit Erläuterungen begegnet werden.

Die Frage nach der richtigerweise anzuwendenden Normfassung wird sich in Zukunft noch verschärfen. Die Kommissionsdienste haben im November 2019 prognostiziert, dass sie mit einer gewissen Wahrscheinlichkeit in den nächsten Jahren keine Kapazitäten haben werden, um die harmonisierten Normen zu prüfen, da sie die Überarbeitung der Bauproduktenverordnung, inklusive eventuell der Entwicklung möglicher neuer Konzepte, vollständig beanspruchen könnte. Wenn die neuen Normen oder Normenfassungen aber von den Kommissionsdiensten nicht geprüft werden können, dann werden sie von ihnen, mit Verweis auf das James-Elliott-Urteil (siehe Kapitel 2.1), auch nicht im Amtsblatt bekannt gemacht werden, und zwar völlig unabhängig von ihrer inhaltlichen und formalen Qualität. Zum Stand Juni 2020 haben die Kommissionsdienste sich sogar offen dazu geäußert, dass ggf., wegen der oben beschriebenen formalen Mängel, sogar bereits bekannt gemachte Normen aus dem Amtsblatt gestrichen werden könnten, womit sie ihre Funktion als Grundlage für die Aufstellung der Leistungserklärung verlieren würden.

Für den Hersteller ergibt sich ein Dilemma: Öffentlich-rechtlich muss er die im Amtsblatt bekannt gemachten, in vielen Fällen veralteten Normfassungen heranziehen, um die Produktleistungen zu ermitteln, seine Leistungserklärung aufzustellen und das Produkt mit der CE-Kennzeichnung zu versehen. Privatrechtlich dagegen dürfte er die Lieferung nach den allgemein anerkannten Regeln der Technik schulden, die sich im Allgemeinen wohl in den jeweils aktuellen Normfassungen wiederfinden. Sollte es also hinsichtlich des technischen Inhalts zwischen diesen Fassungen Unterschiede geben, stellt das den Hersteller vor eine kaum lösbare Aufgabe – insbesondere, wenn daraus unterschiedliche Angaben zu der Produktleistung resultieren würden. Er sollte dann im Einzelfall prüfen, ob er dem Käufer zwei verschiedene Informationen zu der betroffenen Produktleistung zur Verfügung stellen sollte, einmal innerhalb und einmal außerhalb der Leistungserklärung und der CE-Kennzeichnung – natürlich verbunden mit dem zusätzlichen Aufwand einer zweifachen Prüfung desselben Produktmerkmals.

3.3 Welche Bedeutung haben die für jede harmonisierte Norm im Amtsblatt der Europäischen Union genannten Koexistenzperioden?

Zu unterscheiden ist zwischen

- dem Übergang von nationalen Regelungen zu europäischen, also zu denen der harmonisierten Norm, und
- dem Übergang von einer älteren Fassung einer harmonisierten Norm zu einer neuen.

ENO [1]	Bezugsnummer und Titel der Norm (und Bezugsdokument)	Referenz der ersetzten Norm	Beginn der Anwendung der Norm als harmonisierte Norm	Ende der Koexistenzperiode
CEN	EN 54-11:2001 Brandmeldeanlagen — Teil 11: Handfeuermelder		1.9.2006	1.9.2008
	EN 54-11:2001/A1:2005		1.9.2006	1.9.2008
CEN	EN 54-12:2015 Brandmeldeanlagen — Teil 12: Rauchmelder — Linienförmiger Melder nach dem Durchlichtprinzip	EN 54-12:2002	8.4.2016	8.4.2019

Bild 7: Ausschnitte aus dem Amtsblatt der EU C 92 vom 09.03.2018 (der letzten konsolidierten Bekanntmachung der harmonisierten Normen). Die Spalten 4 und 5 nennen Anfang und Ende der Koexistenzperiode (siehe auch Bild 4). Koexistenzperioden können länger als ein Jahr dauern.

ENO [1]	Bezugsnummer und Titel der Norm (und Bezugsdokument)	Referenz der ersetzten Norm	Beginn der Anwendung der Norm als harmonisierte Norm	Ende der Koexistenzperiode
CEN	EN 14342:2013 Holzfußböden und Parkett — Eigenschaften, Bewertung der Konformität und Kennzeichnung	EN 14342:2005 +A1:2008	8.8.2014	8.8.2015

Bild 8: Ausschnitte aus dem Amtsblatt der EU C 92 vom 09.03.2018 (der letzten konsolidierten Bekanntmachung der harmonisierten Normen). Die Spalten 4 und 5 nennen Anfang und Ende der Koexistenzperiode (siehe auch Bild 4). Die Fassung EN 14342:2005+A1:2008 wurde vorher nicht im Amtsblatt als harmonisierte Norm genannt, sondern nur die Fassung von 2005. Die Fassung von 2008 als ersetzte Norm zu nennen ist hier daher irreführend.

ENO (1)	Bezugsnummer und Titel der Norm (und Bezugsdokument)	Referenz der ersetzten Norm	Beginn der Anwendung der Norm als harmonisierte Norm	Ende der Koexistenzperiode
CEN	EN 12966-1:2005+A1:2009 Vertikale Verkehrszeichen — Wechselverkehrszeichen — Teil 1: Produktnorm		1.8.2010	1.8.2010

Bild 9: Ausschnitte aus dem Amtsblatt der EU C 92 vom 09.03.2018 (der letzten konsolidierten Bekanntmachung der harmonisierten Normen). Die Spalten 4 und 5 nennen Anfang und Ende der Koexistenzperiode (siehe auch Bild 4). Die Fassung EN 12966-1:2005+A1:2009 ersetzte die vorher als harmonisierte Norm bekannt gemachte Fassung EN 12966-1:2005. D. h., auch vor dem 01.08.2010 musste das Produkt bereits CE-gekennzeichnet werden, was aus dieser Bekanntmachung aber nicht zu ersehen ist. Diese Bekanntmachung lässt fälschlicherweise vermuten, dass die Koexistenzperiode den Übergang von nationalen Regeln zu der harmonisierten Norm betrifft.

Im ersten Fall gilt, dass ab dem Beginn der Koexistenzperiode die Möglichkeit eröffnet ist, überhaupt eine Leistungserklärung aufzustellen und das Produkt mit der CE-Kennzeichnung zu versehen, und zwar mit der jeweiligen harmonisierten Norm als Grundlage. Nach dem Ende der Koexistenzperiode einer für ein Bauprodukt und seinen Verwendungszweck voll zutreffenden harmonisierten Norm darf das Produkt nicht mehr nach nationalen Regeln, sondern nur noch mit einer Leistungserklärung in Verkehr gebracht werden, die auf der Grundlage der im Amtsblatt genannten Fassung der harmonisierten Norm aufgestellt worden ist. Es muss dann außerdem mit der CE-Kennzeichnung versehen werden.

Die Koexistenzperioden betragen üblicherweise ein Jahr. Je nach Situation in der betroffenen Produktfamilie kann es aber auch zu Abweichungen kommen. Wenn z. B. die Prüfverfahren, die in der harmonisierten Norm festgelegt sind, aufwendig sind, und wenn die Kapazitäten der ggf. erforderlichen notifizierten Stellen (siehe Kapitel 9.1) nicht ausreichen werden, um allen Herstellern am Ende einer solchen einjährigen Koexistenzperiode die Aufstellung einer Leistungserklärung und die CE-Kennzeichnung zu ermöglichen, dann kann die Koexistenzperiode verlängert werden. Eine solche Verlängerung ist bei den Kommissionsdiensten zu beantragen, die dazu dann die Mitgliedstaaten befragen. Am ehesten hat ein solcher Antrag Erfolg, wenn er von einer europäischen Organisation wie CEN oder dem Verband der betroffenen europäischen Hersteller eingereicht wird (siehe Bild 7).

Auch im zweiten Fall, beim Übergang von einer Fassung einer harmonisierten Norm zur nächsten, wird – mindestens formal – immer eine Übergangszeit vorgesehen. Die Koexistenzperiode kann ggf. mit lediglich einem Tag Dauer festgelegt werden; dies geschieht z. B. regelmäßig bei Berichtigungen, die schnell, zu einem festgelegten Zeitpunkt und für alle gleichzeitig in Kraft treten. Aber auch wenn die neue Fassung der harmonisierten Norm keine technischen Änderungen enthält, wird üblicherweise auf eine praktisch relevante Koexistenzperiode verzichtet.

In anderen Fällen wird die Koexistenzperiode normalerweise ein Jahr betragen. Das ist insbesondere dann der Fall, wenn der technische Inhalt der Norm sich ändert, z. B. weil Prüfverfahren überarbeitet oder ergänzt worden sind. Diese Koexistenzperioden werden jeweils mit Bezug auf die betroffene harmonisierte Norm im Amtsblatt der EU angegeben. Außerdem nennt der jeweilige Eintrag im Amtsblatt die ersetzte harmonisierte Normfassung (siehe Bild 7). Hierbei gibt es allerdings immer wieder mal Fehler, z. B. wenn eine erste Änderung gar nicht erst im Amtsblatt gelistet wurde, trotzdem aber bei Bekanntmachung der zweiten Änderung als ersetzte Norm in Bezug genommen wird (siehe Bild 8).

Ein anderer Fehler besteht im Fehlen einer Information in der Spalte „Referenz der ersetzten Norm“ (siehe Bild 9).

3.4 Muss bei Abweichung von einer harmonisierten Norm eine Europäische Technische Bewertung beantragt werden?

Art. 19 BauPVO betrifft u. a. den Fall, dass ein Europäisches Bewertungsdokument als Grundlage für die Ausstellung einer Europäischen Technischen Bewertung erarbeitet wird, weil „das in der harmonisierten Norm vorgesehene Bewertungsverfahren für mindestens ein Wesentliches Merkmal dieses Produkts nicht geeignet ist“ oder weil „die harmonisierte Norm für mindestens ein Wesentliches Merkmal dieses Produkts kein Bewertungsverfahren vorsieht“ (BauPVO, Art. 19 Abs. 1 lit. b und c). Die Verordnung formuliert die zugrunde liegende Situation neutral: „Beantragt ein Hersteller eine Europäische Technische Bewertung, so wird ein Europäisches Bewertungsdokument von der [EOTA] für ein Bauprodukt erstellt und angenommen, das nicht oder nicht vollständig von einer harmonisierten Norm erfasst ist ...“. Es kann daraus wohl nicht entnommen werden, dass im Fall der Abweichung eines Produkts von einer harmonisierten Norm eine ETA beantragt werden *muss*. Alternativ ist das Inverkehrbringen des betroffenen Produkts aufgrund nationaler Regelungen möglich. Diese nationalen Regelungen sollten dann übrigens sinnvollerweise so beschaffen sein, dass sie die Vorschriften der harmonisierten Norm in Bezug nehmen, soweit das unter Berücksichtigung der Abweichung des Produkts oder seines Verwendungszwecks vom Anwendungsbereich der Norm sinnvoll ist.

Es wurde zeitweise allerdings auch die Auffassung vertreten, dass eine umfassende Harmonisierung das Ziel der Verordnung sei, was es erforderlich mache, im Abweichfall *immer* den alternativen europäischen Weg über ein Bewertungsdokument und eine ETA vorzusehen. Diese Auffassung hat sich jedoch nicht durchgesetzt.

3.5 Was ist zu beachten, wenn ein ohne Leistungserklärung in Verkehr gebrachtes Produkt später, nach Ablauf der Koexistenzperiode einer zutreffenden harmonisierten Norm, von einem Händler weiterverkauft wird?

Im beschriebenen Fall hat der Hersteller sein Produkt rechtmäßig ohne Leistungserklärung und ohne CE-Kennzeichnung in Verkehr gebracht, denn die Pflicht zur Aufstellung einer Leistungserklärung und zur CE-Kennzeichnung beginnt erst nach dem Ablauf der Koexistenzperiode (siehe Kapitel 3.3). In Bezug auf den Händler legt die Verordnung fest (BauPVO, Art. 14 Abs. 2): „Bevor sie ein Bauprodukt auf dem Markt bereitstellen, vergewissern sich die Händler, dass das Produkt, soweit erforderlich, mit der CE-Kennzeichnung versehen ist ...“. Wichtig dürfte hier die Einschränkung „soweit erforderlich“ sein, denn zum Zeitpunkt des Inverkehrbringens durch den Hersteller war es nicht erforderlich, eine Leistungserklärung aufzustellen und die CE-Kennzeichnung anzubringen. Und vom Händler kann dies nicht nachträglich verlangt werden, denn er ist nur für die ordnungsgemäße Weitergabe erforderlicher Unterlagen verantwortlich, nicht aber für deren Erstellung. Es ergeben sich daher im genannten Fall keine Verpflichtungen für den Händler.

3.6 In welcher Sprache bzw. in welchen Sprachen ist eine harmonisierte europäische Norm erhältlich?

Es gibt zu dieser Frage keine öffentlich-rechtlichen Vorschriften, sondern es gelten die Regeln von CEN/CENELEC (Arbeitssprachen sind dort Deutsch, Englisch und Französisch) und den dort mitarbeitenden nationalen Normungsorganisationen. In der Konsequenz dürften harmonisierte Normen nicht in allen Amtssprachen der Mitgliedstaaten der EU zur Verfügung stehen. Dies sowie die Tatsache, dass die harmonisierten Normen nicht kostenlos zur Verfügung stehen, wird von den Kommissionsdiensten immer wieder als Markthindernis insbesondere für kleine und mittlere Unternehmen bemängelt. Es gibt bisher allerdings keine konkreten Vorschläge für Alternativen, denn die Arbeit der Normungsorganisationen muss von irgendjemand bezahlt werden, und der Verkauf von Normen trägt dazu offensichtlich erheblich bei.

4 Europäische Bewertungs- dokumente

4.1 Welche Bedeutung hat ein Europäisches Bewertungsdokument?

Ein Europäisches Bewertungsdokument ist nach Art. 2 Nr. 10 BauPVO – neben der harmonisierten Norm – eine der beiden Arten einer harmonisierten Spezifikation. Es kann nur dort erarbeitet werden, wo nicht eine harmonisierte Norm vollständig das betroffene Produkt, seinen Verwendungszweck und die relevanten Wesentlichen Merkmale erfasst (BauPVO, Art. 19 Abs. 1).

Es „enthält zumindest

- eine allgemeine Beschreibung des Bauprodukts,
- eine Auflistung der Wesentlichen Merkmale, die für den vom Hersteller vorgesehenen Verwendungszweck des Produkts von Belang sind und auf die sich der Hersteller und die [EOTA] geeinigt haben, sowie
- die Verfahren und Kriterien zur Bewertung der Leistung des Produkts in Bezug auf diese Wesentlichen Merkmale" (BauPVO, Art 24 Abs. 1[13]).

Damit ist aber noch nicht alles zum Konzept des Europäischen Bewertungsdokuments gesagt, wie es von den Kommissionsdiensten vorgesehen ist und von EOTA umgesetzt werden muss. Drei wichtige Besonderheiten sind zu nennen, die für die Beurteilung des Inhalts und damit auch die Bedeutung des Europäischen Bewertungsdokuments wichtig sind:

- Die im Bewertungsdokument vorzusehenden Bewertungsverfahren und -kriterien müssen sich auf das Produkt vor seiner Auslieferung beziehen. Aspekte wie Lagerung, Verpackung, Transport, Wartung etc. dürfen nicht behandelt werden. Die Einbausituation kann in begründeten Fällen (z. B. im Hinblick auf das Zusammenspiel mit anderen Bauteilen im Zusammenhang mit akustischen Eigenschaften oder mit dem Feuerwiderstand) berücksichtigt werden. Der Einbauvorgang wird nicht behandelt; hierzu kann ggf. mit Zustimmung des Herstellers die ETA Aussagen enthalten.
- Die Berücksichtigung von Verfahren zur Identifizierung des Produkts ist allenfalls im Zusammenhang mit den Systemen zur Bewertung und Überprüfung der Leistungsbeständigkeit erlaubt.

13 Gliederung mit Spiegelstrichen durch den Verfasser.

- Das Bewertungsdokument muss nicht alle für das Produkt und den vorgesehenen Verwendungszweck in jeweils mindestens einem Mitgliedstaat relevanten Wesentlichen Merkmale benennen und behandeln (siehe auch Kapitel 8.5).

Das hat eine Reihe von Konsequenzen, die das neue durch die Bauproduktenverordnung und deren Auslegung durch die Kommissionsdienste gegebene System deutlich von dem früheren Konzept der europäischen technischen Zulassungen unterscheidet:

- Aufgrund eines Europäischen Bewertungsdokuments wird prinzipiell nicht die Produktleistung ermittelt, die das Produkt nach Einschätzung von Experten unter definierten Randbedingungen im eingebauten Zustand haben wird. Das ist es zwar, was die Verwender, Baufirmen, indirekt den Nutzer und nicht zuletzt die Behörden der Mitgliedstaaten interessiert; die ETA soll jedoch nur Aussagen über die Leistung des gerade hergestellten Produkts enthalten. Die Berücksichtigung des Einbauzustands birgt nach Auffassung der Kommissionsdienste die Gefahr in sich, dass in die Rechte der Mitgliedstaaten hinsichtlich der Regelungen für die Errichtung von Gebäuden eingegriffen wird, so dass die Bewertungsdokumente dadurch rechtlich anfechtbar würden.
  In jedem Einzelfall wird daher zwischen den Experten der Technischen Bewertungsstellen und den Kommissionsdiensten darum gerungen, inwieweit der Einbauzustand bei der Ermittlung der Produktleistung berücksichtigt werden darf, wenn er denn wesentlich für die zu erreichenden Produktleistungen ist.
  Die ggf. entstehende Lücke soll durch entsprechende Beschreibungen oder Anleitungen des Herstellers gefüllt werden (siehe BauPVO, Art. 11 Abs. 6). Nationale Regelungen, die z. B. bestimmte Sorgfaltspflichten beim Einbauvorgang oder bestimmte Einbausituationen betreffen, dürften außerdem möglich sein.
- Ebenso liegt es im Allgemeinen in der Verantwortung des Herstellers, die Technische Bewertungsstelle über Aufbau und Zusammensetzung seines Produkts zu informieren. Lediglich aufgrund dieser Information kann dann z. B. entschieden werden, ob ein bereits existierendes Bewertungsdokument für das Produkt zutrifft oder nicht.
- Bei der Auswahl der zu behandelnden Wesentlichen Merkmale wird die Technische Bewertungsstelle den Hersteller beraten. Sie tut dies mit den Informationen aus einer Umfrage, die unter den für den betroffenen Produktbereich benannten Bewertungsstellen (siehe Kapitel 6.2) mit Bezug auf das Produkt und den vorgesehenen Verwendungszweck durchgeführt

wird. Im Allgemeinen wird der Hersteller diesem Rat folgen, möglicherweise aufgrund seiner kommerziellen Interessen bezogen auf die Situation in nur einigen Mitgliedstaaten. Theoretisch können die Wesentlichen Merkmale aber völlig beliebig ausgewählt werden; das Ergebnis wäre in jedem Fall, dass eine Leistungserklärung für das Produkt vorliegt und es mit der CE-Kennzeichnung versehen werden darf bzw. muss (siehe auch Kapitel 8.5).

4.2 Wird ein Europäisches Bewertungsdokument nur für einen Hersteller und sein Produkt erarbeitet?

„Ein Europäisches Bewertungsdokument enthält zumindest eine allgemeine Beschreibung des Bauprodukts, eine Auflistung der Wesentlichen Merkmale, die für den vom Hersteller vorgesehenen Verwendungszweck des Produkts von Belang sind und auf die sich der Hersteller und die [EOTA] geeinigt haben, ...“ (BauPVO, Art. 24 Abs. 1).

Ein Europäisches Bewertungsdokument, das völlig neu aufgrund eines Antrags eines Herstellers zu erarbeiten ist, enthält also in der Praxis ausschließlich Bewertungsverfahren und -kriterien für die Wesentlichen Merkmale, an denen dieser Hersteller interessiert ist. Die EOTA kann hier nur beratend tätig werden (siehe Kapitel 4.1). Das Bewertungsdokument wird sich aber nur so weit an dem konkreten Produkt und dem vorgesehenen Verwendungszweck oder den Verwendungszwecken orientieren, wie dies aufgrund der vorgesehenen Bewertungsverfahren erforderlich ist. Der Anwendungsbereich eines EAD ist durchaus nicht nur auf das konkrete Produkt bezogen.

Es wird daher ggf. als Grundlage für spätere Verfahren aufgrund von Anträgen anderer Hersteller für gleiche oder ähnliche Produkte und gleiche oder ähnliche Verwendungszwecke herangezogen (siehe Kapitel 4.3). Ggf. muss es im Anwendungsbereich erweitert oder um andere Wesentliche Merkmale ergänzt werden, verbunden mit der Erarbeitung der zugehörigen Bewertungsverfahren und -kriterien.

Ein neues Bewertungsdokument wird daher zwar mit engem Bezug zu den Bedürfnissen des initiierenden Herstellers erarbeitet; es gehört diesem jedoch nicht. Und wenn ein Bewertungsdokument vorliegt, das einen größeren Anwendungsbereich und/oder Bewertungsverfahren für mehr Wesentliche Merkmale enthält, als für die Bearbeitung eines Antrags auf Ausstellung einer ETA erforderlich ist, dann wird es nicht im Hinblick auf diesen Antrag umgeschrieben und inhaltlich verkürzt.

4.3 Warum gibt es verschiedene Fassungen eines Europäischen Bewertungsdokuments?

Es kann im Prinzip zwei Arten von Gründen geben, warum ein Bewertungsdokument geändert werden sollte, nämlich formale oder technisch-inhaltliche Gründe.

Technisch-inhaltliche Gründe für eine erforderliche Änderung können sein:

- ein weiterer Antrag eines anderen Herstellers, aufgrund dessen der Anwendungsbereich des Bewertungsdokuments (betroffene Produkte und Verwendungszwecke) erweitert oder ein oder mehrere Wesentliche Merkmale ergänzt werden müssen (siehe auch Kapitel 4.2), oder
- neue technische oder wissenschaftliche Erkenntnisse oder Erfahrungen mit den Bewertungsverfahren für die Wesentlichen Merkmale des Produkts oder mit seiner Dauerhaftigkeit im Zusammenhang mit dem im Bewertungsdokument behandelten Verwendungszweck.

Wenn ein weiterer Antrag eines Herstellers zur Überarbeitung des Bewertungsdokuments geführt hat, dann ist eine spätere Fassung eines Bewertungsdokuments umfassender als die vorhergehende, sei es im Hinblick auf den Anwendungsbereich oder auf die behandelten Wesentlichen Merkmale.

Darüber hinaus gibt es eine ganze Reihe von möglichen formalen Gründen, die auf den Kompetenzen der Kommissionsdienste zu Änderungen von Rechtsgrundlagen beruhen. Dies betrifft

- die Festlegung der Wesentlichen Merkmale oder der Schwellenwerte für bestimmte Familien von Bauprodukten, zu denen der Hersteller die Leistung seines Produkts in Bezug auf den Verwendungszweck angeben muss, wenn das Produkt in Verkehr gebracht wird (BauPVO, Art. 60 lit. a),
- die Festlegung der Bedingungen, unter denen ein Bauprodukt ohne Prüfungen oder ohne weitere Prüfungen als einer bestimmten Leistungsstufe oder -klasse entsprechend gilt (BauPVO, Art. 60 lit. g),
- die Änderung des für das Produkt zutreffenden Systems zur Bewertung und Überprüfung der Leistungsbeständigkeit oder von dessen Elementen (BauPVO, Art. 60 lit. h).

Im Falle solcher Änderungen der rechtlichen Grundlagen sind die o. g. Festlegungen in ihrer neuen Form natürlich wirksam, unabhängig vom eventuell noch anderslautenden Inhalt des Bewertungsdokuments. Trotzdem wäre eine schnelle Anpassung des Bewertungsdokuments sinnvoll, um jegliche Missverständnisse zu vermeiden.

Im Falle der Einführung von Klassen durch die Kommissionsdienste liegt der Fall formal etwas anders (siehe dazu Kapitel 5.2).

Die Nummer eines Bewertungsdokuments enthält eine Versionsnummer[14], sodass eine zusätzliche Angabe des Ausgabedatums nicht erforderlich ist.

Solange noch ETAs vorhanden sind, die auf (einer) früheren Fassung(en) eines Europäischen Bewertungsdokuments basieren, macht EOTA auch diese frühere(n) Fassung(en) des Bewertungsdokuments verfügbar (siehe Kapitel 6.12). In einer neuen Version wird angegeben, was diese spätere Fassung des Bewertungsdokuments von der früheren unterscheidet. Wenn z. B. ein Wesentliches Merkmal ergänzt worden ist, bedeutet das nicht, dass die aufgrund der früheren Fassung des Bewertungsdokuments ausgestellten ETAs etwa nicht dem Stand der Technik entsprächen.

4.4 Wie werden Anträge verschiedener Hersteller behandelt, die gleiche Produkte mit gleichen Verwendungszwecken betreffen und sich zeitlich überschneiden?

Zwei Randbedingungen sind maßgeblich für die Verfahren zur Erarbeitung von Bewertungsdokumenten: Anhang II der Verordnung enthält eine Reihe von Fristen, die bei der Erarbeitung eines jeden einzelnen Europäischen Bewertungsdokuments einzuhalten sind. Außerdem wird von EOTA und den Technischen Bewertungsstellen strikte Wahrung der Vertraulichkeit in Bezug auf jedes einzelne Verfahren verlangt.

Der Fall, dass für das gleiche Produkt mit dem gleichen Verwendungszweck Anträge von verschiedenen Herstellern gestellt werden, deren Bearbeitung sich zeitlich überschneidet, ist nicht selten. Die oben genannten Randbedingungen führen, anders als

14 Beispiel: Die Nummer des Bewertungsdokuments 020001-00-0405 bedeutet, dass es sich um ein Produkt aus dem Produktbereich 02 (Türen, Fenster, Fensterläden, Rollläden, Tore und Beschläge hierfür – siehe BauPVO, Anhang IV Tabelle 1) handelt. Danach folgt eine 4-stellige fortlaufende Nummer; hier handelt es sich also um das erste Bewertungsdokument, das in diesem Produktbereich erarbeitet worden ist. Die erste Fassung eines Bewertungsdokuments wird mit „00“, die erste Änderung mit „01“ bezeichnet. Darauf folgt eine 4-stellige Ziffernfolge, die dem EOTA-internen Produktbereichs-Code entspricht, der sehr viel aussagekräftiger ist als der nach Anhang IV BauPVO; in diesem Fall steht das „04“ für „Gebäudehülle“, in Verbindung mit der Untergruppe 05 werden „Türen und Fenster“ bezeichnet.

unter der Bauproduktenrichtlinie, nun für solche Fälle zu folgenden Problemen:

- Eine Verzögerung in einem dieser Verfahren darf das oder die anderen Verfahren nicht beeinträchtigen. Im schlimmsten Fall könnte es sein, dass ein Hersteller, z. B. bedingt durch Insolvenz oder geänderte strategische Ausrichtung, sein Verfahren nicht weiter betreibt. Das darf die anderen Verfahren natürlich nicht aufhalten.
- Keiner der beteiligten Hersteller darf über die Tatsache informiert werden, dass ein Wettbewerber einen gleichen oder ähnlichen Antrag gestellt hat.

Das führt dazu, dass solche Verfahren in EOTA formal voneinander unabhängig durchgeführt werden. Inhaltlich müssen sie aber natürlich konsistent behandelt werden. Ggf. wird in der Entwurfsphase derselbe Text oder Teile davon, jeweils mit anderem Aktenzeichen, von den beteiligten Technischen Bewertungsstellen „ihrem" Hersteller zur Abstimmung übermittelt. Der Verwaltungsaufwand bei EOTA und den Technischen Bewertungsstellen wird dadurch deutlich erhöht.

Es muss nicht sein, dass das Verfahren zur Erarbeitung eines Bewertungsdokuments, das als erstes begonnen worden ist, auch als erstes abgeschlossen wird. Neben den oben genannten Gründen für Verzögerungen oder sogar für einen Abbruch des Verfahrens kann es z. B. sein, dass verschiedene Hersteller jeweils nicht an den gleichen Wesentlichen Merkmalen interessiert sind. Eine Fassung des Bewertungsdokuments, die nur wenige Wesentliche Merkmale berücksichtigen muss, für die möglicherweise auch noch leicht Bewertungsverfahren und kriterien zu erarbeiten sind, kann ggf. schneller erarbeitet werden als eine umfassendere Version, auch wenn dieses Verfahren nicht als erstes begonnen worden ist.

Es wird nicht selten vorkommen, dass in derartigen Fällen recht kurz nacheinander jeweils erweiterte Fassungen eines Bewertungsdokuments fertiggestellt werden.

Leider wird diese Konsequenz aus den Voraussetzungen, unter denen EOTA arbeitet, von den Kommissionsdiensten als „proliferation", also als unzulässige und unnötige Vermehrung der Bewertungsdokumente angesehen. Dies gilt unabhängig davon, dass EOTA den Kommissionsdiensten angeboten hat, über Verfahren zu sprechen, die vor der Bekanntmachung der Bewertungsdokumente im Amtsblatt der EU eine entsprechende Zusammenlegung ermöglichen.

4.5 Wie lange gilt die Verpflichtung zur Geheimhaltung in Bezug auf die Arbeit an einem Europäischen Bewertungsdokument?

Bei dieser Frage sind verschiedene Interessen und Erfordernisse gegeneinander abzuwägen. Der Hersteller, der die Arbeit initiiert hat, möchte einerseits häufig, dass über sein Produkt und damit auch über die Arbeit an dem Bewertungsdokument so spät wie möglich etwas bekannt wird. Ihm muss andererseits aber auch daran gelegen sein, rechtzeitig vor dem Inverkehrbringen eine notifizierte Stelle einschalten zu können, wenn das im Rahmen des Systems zur Bewertung und Überprüfung der Leistungsbeständigkeit erforderlich ist (siehe Kapitel 9.1). Schließlich haben die in der EOTA zusammengeschlossenen und für den betroffenen Produktbereich benannten Technischen Bewertungsstellen das Interesse, so bald wie möglich das Bewertungsdokument für andere Verfahren zur Verfügung zu haben, ohne ein formal unabhängiges Verfahren einleiten zu müssen (siehe Kapitel 4.4).

Nach Diskussionen im Ständigen Ausschuss für das Bauwesen wurde zwischen den Kommissionsdiensten, den Mitgliedstaaten und der EOTA vereinbart, dass nach Beendigung der Verfahrensschritte bis einschließlich Nr. 7 des Anhangs II BauPVO die Verpflichtung zur Vertraulichkeit beendet ist, d. h. also nach Abstimmung des Bewertungsdokuments in der EOTA, mit dem Hersteller und mit den Kommissionsdiensten, aber bereits bevor das Bewertungsdokument nach Nr. 8 des Anhangs II im Amtsblatt der EU bekannt gemacht worden ist (siehe dazu auch Kapitel 4.6).

Nach dieser Abstimmung kann das Bewertungsdokument z. B. als Grundlage für die Ausstellung von ETAs, für die dieses Bewertungsdokument vollständig zutrifft, herangezogen werden. Es kann damit auch den von solchen Verfahren betroffenen Herstellern nach Antragstellung übergeben werden. Die EOTA macht auf der Internetseite bekannt, dass das Bewertungsdokument fertiggestellt worden ist, sobald die erste ETA ausgestellt worden ist. Das Bewertungsdokument selbst wird jedoch im Volltext erst dann allgemein zur Verfügung gestellt (siehe BauPVO, Art. 31 Abs. 4 lit. g), wenn es im Amtsblatt der EU bekannt gemacht worden ist. Der Grund für diese bedauerliche Tatsache liegt darin, dass die Kommissionsdienste nicht selten eine Bekanntmachung im Amtsblatt von (weiteren) Änderungen des Bewertungsdokuments abhängig machen. Dabei spielt es keine Rolle, ob die Kommissionsdienste bereits früher Kommentare zu dem EAD eingebracht haben und wie diese Kommentare von EOTA behandelt worden sind. Um also Verwirrung zu vermeiden, die durch die Existenz verschiedener Fassung unter derselben

Versionsnummer entstehen könnte, wird auf eine frühere Veröffentlichung des Volltexts verzichtet.

Unabhängig vom Status des Bewertungsdokuments werden Informationen, die der Hersteller der Technischen Bewertungsstelle in Bezug auf sein Produkt übermittelt hat und die für die Öffentlichkeit nicht erforderlich sind, um die Bewertung der Produktleistung nachvollziehen zu können, von dieser vertraulich behandelt.

4.6 Wie kann schnellstmöglich eine notifizierte Stelle bezüglich eines neuen oder überarbeiteten Bewertungsdokuments eingeschaltet werden?

Die Vorschriften der Verordnung sind in diesem Zusammenhang widersprüchlich. Anhang II Nr. 8 BauPVO besagt: „Die [EOTA] hält das Europäische Bewertungsdokument in elektronischer Form bereit, sobald das Produkt die CE-Kennzeichnung erhalten hat." Das Bewertungsdokument darf also erst nach der CE-Kennzeichnung des Produkts öffentlich zur Verfügung stehen. Dies ist aber andererseits auch eine übliche Voraussetzung für die Bekanntmachung im Amtsblatt; eine harmonisierte Spezifikation sollte hierfür ebenfalls öffentlich zur Verfügung stehen (siehe aber Kapitel 4.5). Jedenfalls kann diese Bekanntmachung aber erst nach der CE-Kennzeichnung erfolgen. Für den Fall allerdings, dass eine notifizierte Stelle für die Erstinspektion des Herstellungsbetriebs und der werkseigenen Produktionskontrolle sowie in der kontinuierlichen Überwachung, Bewertung und Evaluierung der werkseigenen Produktionskontrolle einzusetzen ist (siehe Kapitel 9.1), ist ihre Arbeit zwar erforderlich, um zur CE-Kennzeichnung zu kommen; sie kann jedoch erst nach der Bekanntmachung im Amtsblatt der EU notifiziert werden (siehe Kapitel 2.3). Das Ganze ist ein Teufelskreis.

Nach Diskussion zwischen den Kommissionsdiensten und den Mitgliedstaaten im Ständigen Ausschuss für das Bauwesen wurde aufgrund dieser Situation folgender Weg als der bestmögliche angesehen: Nach Fertigstellung des Bewertungsdokuments gemäß Nr. 7 des Anhangs II BauPVO kann der Hersteller sich an eine Stelle wenden, von der er vermutet, dass sie zum einen Interesse an einer Notifizierung haben könnte sowie zum anderen für das Produkt und seinen Verwendungszweck die Anforderungen nach Art. 43 BauPVO (Fachkenntnisse, Unabhängigkeit, Ausstattung, ...) erfüllt. Dafür kann und muss natürlich der Inhalt des Bewertungsdokuments allen Beteiligten offengelegt werden. Gleichzeitig kann bereits die zuständige notifizierende Behörde eingeschaltet werden, sodass alle inhaltlichen Schritte der

Notifizierung bearbeitet werden können. In Deutschland ist eine Akkreditierung durch die Deutsche Akkreditierungsstelle DAkkS Voraussetzung für die Notifizierung. Auch die Akkreditierung kann bereits in diesem Stadium erfolgen. EOTA ist bei diesen Schritten behilflich, indem sie entsprechenden Behörden den Zugang zu einem Portal ermöglicht, in dem solche Bewertungsdokumente eingestellt sind.

Die Notifizierung an sich ist jedoch erst nach der Bekanntmachung des Bewertungsdokuments im Amtsblatt der EU möglich (siehe Kapitel 2.3). Hier tut sich leider eine nicht unerhebliche Hürde auf, da die Erfahrungen zeigen, dass die Zeitspanne zwischen der Übermittlung eines Bewertungsdokuments durch die EOTA an die Kommissionsdienste für die Bekanntmachung und der Bekanntmachung selbst mehrere Monate oder sogar Jahre betragen kann. Allerdings kann diese Zeit für die oben erwähnte inhaltliche Vorbereitung der Notifizierung und für die in Deutschland erforderliche Akkreditierung genutzt werden.

Analoges gilt ggf. für die Überarbeitung eines Bewertungsdokuments aufgrund des Antrags eines Herstellers. Unabhängig davon, ob die Änderungen an einem Bewertungsdokument einen technischen Inhalt haben, betreffen sie die Gültigkeit der Notifizierung von Stellen, da diese Stellen „datiert“, also mit Bezug auf eine konkrete Fassung einer harmonisierten Spezifikation, notifiziert werden (siehe Kapitel 2.3 und 9.2).

4.7 Sind – wie bei harmonisierten Normen – Koexistenzperioden zu beachten, wenn eine neue Fassung eines Bewertungsdokuments erarbeitet und abgestimmt worden ist?

Ähnlich wie bei harmonisierten Normen gibt es neuere, umfassendere oder aktualisierte Fassungen von Europäischen Bewertungsdokumenten (siehe Kapitel 4.3). Eine Koexistenzperiode ist jedoch, anders als bei harmonisierten Normen, nicht vorgesehen.

Während eine harmonisierte Norm einen für den Hersteller verpflichtenden Charakter hat, ist dies bei einem Bewertungsdokument nicht der Fall. Ein Bewertungsdokument dient den Technischen Bewertungsstellen als Grundlage für die Ausstellung von ETAs, wenn Hersteller diese beantragt haben. Sofort nach Änderung des Bewertungsdokuments erfüllt die neue Fassung diese Funktion.

Daraus ergibt sich die Frage, wie ohne Diskriminierung und sachgerecht damit umgegangen werden kann, dass es ETAs für ähnliche Produkte und Verwendungszwecke gibt, die basierend auf unterschiedlichen Fassungen eines Bewertungsdokuments ausgestellt worden sind (dazu siehe Kapitel 6.7). Außerdem ergibt sich in der Praxis das Problem, dass während der Bearbeitung einer ETA eine neue Fassung des zugrunde liegenden Bewertungsdokuments fertiggestellt und abgestimmt wird. Es wurde in EOTA vereinbart, dass dann die zum Zeitpunkt der Antragstellung gültige Fassung des Bewertungsdokuments herangezogen wird.

4.8 Wie erfahre ich etwas über bestehende Europäische Bewertungsdokumente?

Ein Europäisches Bewertungsdokument kann als Grundlage für die Ausstellung von ETAs von allen Bewertungsstellen genutzt werden, sobald die Schritte nach Nr. 7 des Anhang II BauPVO abgeschlossen sind, d. h., sobald das Dokument in der EOTA sowie mit dem Hersteller und den Kommissionsdiensten abgestimmt ist. Alle Bewertungsstellen werden darüber informiert, indem ihnen das Bewertungsdokument im Intranet der EOTA zur Verfügung gestellt wird.

Sobald die erste ETA basierend auf einem bestimmten Bewertungsdokument ausgestellt worden ist (nicht notwendigerweise von der Bewertungsstelle, die das Bewertungsdokument federführend erarbeitet hat; siehe Kapitel 4.4), ist die Tatsache öffentlich bekannt, dass ein solches Bewertungsdokument erarbeitet worden sein muss. Daher endet an dieser Stelle die Vertraulichkeit, die vorher während des Verfahrens zur Erarbeitung des Bewertungsdokuments gewahrt werden muss. Die EOTA macht dann die Titel dieser Bewertungsdokumente auf ihrer Internetseite bekannt. Sobald darüber hinaus ein Bewertungsdokument von den Kommissionsdiensten im Amtsblatt der EU als harmonisierte Spezifikation nach der Bauproduktenverordnung bekannt gemacht worden ist, hinterlegt die EOTA auch den Volltext des Dokuments auf ihrer Internetseite (siehe auch Kapitel 4.5).

4.9 In welcher Sprache sind Europäische Bewertungsdokumente erhältlich?

Europäische Bewertungsdokumente werden in Englisch erarbeitet und nicht durch EOTA in andere Sprachen übersetzt. Sie sind also nur auf Englisch erhältlich. Unabhängig davon ist es den Technischen Bewertungsstellen natürlich möglich, für eigene Zwecke oder aus welchen Gründen auch immer Übersetzungen anzufertigen. Das wird wegen des erheblichen Aufwands aber allenfalls in Einzelfällen geschehen.

5 Klassen und Schwellenwerte

5.1 Welche Voraussetzungen gibt es für die Einführung von Klassen oder Schwellenwerten?

Die Einführung von Klassen oder Schwellenwerten in einer harmonisierten Norm oder einem Europäischen Bewertungsdokument wird in Art. 27 BauPVO behandelt. Es handelt sich um einen mühsamen Vorgang. Die Festlegung von Klassen oder Schwellenwerten beruht entweder

- auf einem delegierten Rechtsakt der Kommission zur Festlegung von Schwellenwerten in Bezug auf ein bestimmtes Wesentliches Merkmal (BauPVO, Art. 60 lit. a) oder zur Festlegung von Klassen (BauPVO, Art. 27 Abs. 1, Art. 60 lit. f), oder
- auf einem entsprechenden Mandat, also einem Auftrag zur Erarbeitung von harmonisierten Normen, das solche Klassen vorsieht (BauPVO, Art. 27 Abs. 2 Unterabs. 2). Aber auch ein solches Mandat bzw. ein Standardisation Request, wie solche Mandate inzwischen heißen, wird in Form eines Rechtsakts erlassen.

In beiden Fällen ist die Befassung der Mitgliedstaaten erforderlich.

Wenn in einer harmonisierten Norm für ein bestimmtes Wesentliches Merkmal Klassen festgelegt worden sind, verwendet die EOTA diese Klassen ebenso, soweit der technische Sachverhalt in einem Bewertungsdokument der gleiche und damit diese Übertragung jeweils technisch angemessen ist (BauPVO, Art. 27 Abs. 4).

Liegen solche Klassen in bereits bekannt gemachten harmonisierten Spezifikationen oder in Leitlinien für europäische technische Zulassungen (aus der Zeit der Bauproduktenrichtlinie) vor, dürfen sie für entsprechende Produkte ebenfalls verwendet werden. Anderenfalls muss, im Falle eines EAD als harmonisierter Spezifikation, die EOTA die Einführung von Klassen bei den Kommissionsdiensten beantragen. Auch hier wird dann die Befassung der Mitgliedstaaten erforderlich. Das bedeutet eine erhebliche Verzögerung vor dem Hintergrund, dass für das gesamte Verfahren zur Erarbeitung eines Bewertungsdokuments inklusive der Aufstellung eines Arbeitsprogramms (das auch den Kommissionsdiensten zu übermitteln ist) nur neun Monate zur Verfügung stehen. Wann immer möglich, wird die EOTA deshalb darauf verzichten, Klassen in Bewertungsdokumenten vorzusehen.

Ähnliches gilt sowohl in der harmonisierten Normung als auch hinsichtlich der Bewertungsdokumente für Schwellenwerte.

Noch zu definieren ist, welche Art von Festlegungen überhaupt z. B. als Schwellenwerte oder Klassen zu verstehen sind. Nach Auffassung der EOTA betrifft dies ausschließlich Anforderungen z. B. an einen Mindestwert bezüglich des Ergebnisses eines Prüfverfahrens, nicht aber die Parameter des Prüfverfahrens. Wenn also die Wasserdichtigkeit in einem Verfahren geprüft wird, in dem die Verwendung eines bestimmten Wasserdrucks festgelegt worden ist, dann ist das nicht als Festlegung eines Schwellenwerts zu betrachten, sondern hat einen Zusammenhang mit dem Verwendungszweck. Bei anderer Auslegung wäre die Folge, dass die europäische Harmonisierung zurückfiele in die Zeit vor 1985, in der sämtliche technischen Einzelheiten mit Bezug auf Produkte und deren Eigenschaften nicht von Verfassern von harmonisierten Spezifikationen, sondern von den Mitgliedstaaten verhandelt worden sind.

5.2 Wie werden Klassen oder Schwellenwerte praktisch wirksam?

Die Kommissionsdienste haben die Kompetenz, Leistungsklassen entsprechend dem technischen Fortschritt festzulegen oder anzupassen (BauPVO, Art. 60 lit. f). Wenn sie dies für ein genormtes Produkt tun, dann kann die Kombination eines solchen Rechtsakts mit einer Normfassung, die nicht die technischen Grundlagen für die Klassifizierung beinhaltet, nicht funktionieren.

Daher wird in einem solchen Fall die Klassifizierung praktisch erst dann relevant, wenn die harmonisierte Norm entsprechend überarbeitet ist und dadurch die vorgesehenen Klassen, basierend auf entsprechenden Bewertungsverfahren, abbildet und wenn sie daraufhin im Amtsblatt der EU bekannt gemacht worden ist. Ab dem Beginn der Koexistenzperiode kann dann die neue Normfassung verbunden mit der Klassifizierung in der Leistungserklärung berücksichtigt werden.

Im Fall von EADs dürfte das im Prinzip ähnlich sein. Allerdings soll ein EAD ja so schnell wie möglich fertig werden; daher versucht EOTA, die Einführung einer Klassifizierung zu vermeiden, wo immer es geht (siehe Kapitel 5.1).

6 Europäische Technische Bewertungen

6.1 Welche Bedeutung hat eine Europäische Technische Bewertung?

Im Zusammenhang mit der Einführung des Konzepts der Europäischen Bewertungsdokumente und der Europäischen Technischen Bewertung wurde seitens der Kommissionsdienste in ihrem Entwurf der Bauproduktenverordnung ein Paradigmenwechsel vollzogen. Die Kommissionsdienste wollten bewusst nicht mehr eine europäische technische *Zulassung* als zweiten Weg zur CE-Kennzeichnung neben der harmonisierten Norm haben, denn dieser Weg wurde als zu aufwendig empfunden. Damit einhergehend wurde auch das Konzept der „Brauchbarkeit für den Verwendungszweck" aufgegeben.

Stattdessen wurde das Konzept der Europäischen Technischen Bewertung eingeführt, die nach Rechtsauffassung der Kommissionsdienste nicht mehr und nicht weniger als einen „Schnappschuss" darstellt, der im Hinblick auf die Produktleistung für Wesentliche Merkmale zu einem bestimmten Zeitpunkt aufgenommen worden ist. Die Bewertung soll dabei lediglich die Leistung des eben fertiggestellten Produkts wiedergeben; es geht nicht um die zu erwartende Leistung des Produkts im eingebauten Zustand (siehe Kapitel 4.1). Rückschlüsse auf die – hoffentlich in gleicher Weise vorhandene – Leistung des Produkts nach dem Einbau in das Bauwerk sind ggf. nur möglich, wenn der Hersteller dem Produkt eine technisch angemessene Gebrauchsanleitung und Sicherheitsinformationen beigefügt hat (siehe BauPVO, Art. 11 Abs. 6) und wenn diese beachtet worden sind.

Es war zwischen den Kommissionsdiensten und der EOTA lange umstritten, inwieweit Angaben zur Einbausituation, also z. B. das Zusammenwirken mit anderen bestimmten Bauprodukten, und zum Einbauvorgang in Bewertungsdokumenten und ETAs berücksichtigt werden dürfen, wenn sie für die Leistung des Produkts und für deren Bewertung von Bedeutung sind. Aufgrund von mündlichen Absprachen scheint es jedoch so zu sein, dass die Einbausituation ggf. in einem Europäischen Bewertungsdokument und damit schließlich auch in den darauf basierenden ETAs berücksichtigt werden darf. Wenn der Einbauvorgang von besonderer Bedeutung für das Erreichen der Produktleistung ist, kann die ETA mit Zustimmung des Herstellers Angaben dazu enthalten.

6.2 Kann eine Europäische Technische Bewertung von jeder Technischen Bewertungsstelle ausgestellt werden?

Anhang IV Tabelle 1 BauPVO enthält 35 Produktbereiche, für die Technische Bewertungsstellen aufgrund ihrer Sachkompetenz von den Mitgliedstaaten benannt werden können. Art. 29 Abs. 1 BauPVO nimmt darauf Bezug: „Die Mitgliedstaaten können in ihrem Hoheitsgebiet insbesondere für einen oder mehrere der in Anhang IV Tabelle 1 aufgeführten Produktbereiche Technische Bewertungsstellen benennen." Die Verwendung des Wörtchens „insbesondere" zeigt, dass die Aufzählung der Produktbereiche in Anhang IV BauPVO nicht abschließend ist. Die EOTA hat daher für die Aktenführung 36 Produktbereiche eingerichtet; die Nummer 36 beinhaltet dann „Andere Produkte".

Manche Mitgliedstaaten haben Stellen für alle Produktbereiche benannt, teils unter Einschluss der „anderen Produkte", teils ohne – je nachdem, ob das Benennungsschreiben des Mitgliedstaats das „insbesondere" aufnimmt oder eine ähnliche Formulierung verwendet oder eben nicht. Manche Stellen sind aber nur für bestimmte Produktbereiche benannt, z. B. mit Bezug zur Außenhaut von Gebäuden oder auf Brandschutzaspekte. Jede Bewertungsstelle kann nur in den Produktbereichen Bewertungen ausstellen, für die sie benannt ist. Sie können außerdem nur in diesen Produktbereichen an der Erarbeitung von Europäischen Bewertungsdokumenten mitarbeiten.

Die Technischen Bewertungsstellen werden in der NANDO-Datenbank aufgeführt (siehe Kapitel 11). Dort sind auch zu jeder Stelle Informationen dazu hinterlegt, für welche Produktbereiche sie benannt ist.

6.3 Hat eine Europäische Technische Bewertung eine befristete Gültigkeitsdauer?

Da die Europäische Technische Bewertung lediglich die Information enthält, welche Leistung für ein Produkt zu einem bestimmten Datum ermittelt worden ist (siehe Kapitel 6.1), erübrigt sich eine Befristung. Es liegt ausschließlich in der Verantwortung des Herstellers (und, wenn zutreffend, einer notifizierten Stelle; siehe Kapitel 9.1), bei eventuellen späteren Änderungen des Produkts oder seiner Herstellungsmethoden zu entscheiden, ob es sich noch um den Produkttyp (siehe Kapitel 1.7) handelt, für den die ETA ausgestellt worden ist, oder ob die Änderungen so wesentlich sind, dass sie Einfluss auf die Produktleistung haben können. Im letzteren Fall müsste der Hersteller sich erneut um eine aktuelle ETA bemühen.

Natürlich kann diese Frage im konkreten Fall auch ein Thema für die Marktüberwachungsbehörden sein.

Verlängerungen, wie früher bei europäischen technischen Zulassungen nach Ablauf von deren Gültigkeitsdauer üblich, erübrigen sich konsequenterweise.

6.4 Wie ist der Zuschnitt einer Europäischen Technischen Bewertung, was für Produkte können darin zusammengefasst werden?

Diese Frage ist nicht eindeutig zu beantworten. Sie ist inhaltlich verknüpft mit der Frage nach den Produkttypen, die in einem Dokument, genannt „Leistungserklärung", zusammengefasst werden können (siehe Kapitel 8.2). Jede Kombination aus Beschreibung eines Produkts sowie seiner Leistung definiert einen eigenen Produkttyp, sodass auch vergleichbare Produkte einer Baureihe, aber mit z. B. unterschiedlichen Größen, jeweils als eigener Produkttyp aufzufassen sind. So wie mehrere derartige Produkttypen in einem Dokument mit der Überschrift „Leistungserklärung" zusammengefasst werden können, gilt Ähnliches auch für die Europäische Technische Bewertung.

Der Umfang einer ETA hinsichtlich der erfassten Produkte hängt also in erster Linie natürlich vom Anwendungsbereich des zugrunde liegenden Europäischen Bewertungsdokuments ab, da eine ETA nach Rechtsauffassung der Kommissionsdienste nur auf *ein* Europäisches Bewertungsdokument Bezug nehmen darf (siehe Kapitel 8.4). Innerhalb dieses Rahmens wird der Umfang der ETA Gegenstand einer Vereinbarung zwischen dem Hersteller und der Technischen Bewertungsstelle sein. Dabei sollte so vorgegangen werden, dass die betroffenen Produkttypen später auch in einer Leistungserklärung zusammengefasst werden können, d. h. also z. B., dass sie zu einer gemeinsamen Bauart gehören. Anderenfalls wird die Zusammenfassung weder in einer ETA noch in einer Leistungserklärung zu rechtfertigen sein.

6.5 Welche Wesentlichen Merkmale sind in einer Europäischen Technischen Bewertung zu berücksichtigen?

„Eine Europäische Technische Bewertung enthält die zu erklärende Leistung ... in Bezug auf diejenigen Wesentlichen Merkmale, auf die sich der Hersteller und die Technische Bewertungsstelle, die den Antrag für die Europäische Technische Bewertung erhält, für den erklärten Verwendungszweck geeinigt haben ..."

(BauPVO, Art. 26 Abs. 2). Diese Vorschrift enthält keinen konkreten Bezug zu den im zugehörigen Bewertungsdokument enthaltenen Wesentlichen Merkmalen und bleibt daher diesbezüglich offen. Nach dem Konzept der EOTA werden in einer ETA alle Wesentlichen Merkmale aufgeführt, die in dem der Bewertung zugrunde liegenden Europäischen Bewertungsdokument mit den zugehörigen Bewertungsverfahren und -kriterien enthalten sind. Wenn der Hersteller für bestimmte Wesentliche Merkmale keine Angaben zur Produktleistung machen möchte, müssen diese Produktleistungen auch nicht ermittelt werden. In der Bewertung steht dann an den entsprechenden Stellen „No performance assessed" (keine Leistung bewertet).

Damit wird einerseits eine gewisse Einheitlichkeit der Bewertungen hinsichtlich der aufgeführten Wesentlichen Merkmale hergestellt. Andererseits ist festzuhalten, dass die Bewertungsdokumente im ersten Schritt hinsichtlich der behandelten Wesentlichen Merkmale die Wünsche des initiierenden Antragstellers berücksichtigen müssen und später ggf. aufgrund weiterer Anträge um weitere Merkmale ergänzt werden. Dementsprechend können sich die Bewertungen voneinander unterscheiden, wenn sie zu unterschiedlichen Zeiten ausgestellt werden. Ggf. werden dann, aufgrund unterschiedlicher Versionen eines Bewertungsdokuments, unterschiedlich viele Wesentliche Merkmale aufgeführt. Aufgrund der beschriebenen Zusammenhänge wird die Liste der Wesentlichen Merkmale bei später ausgestellten ETAs im Normalfall größer und nicht kleiner sein (vgl. Kapitel 4.3).

6.6 Muss eine Europäische Technische Bewertung öffentlich im Volltext zur Verfügung stehen?

Hinsichtlich der Europäischen Technischen Bewertungen verlangt die Bauproduktenverordnung von EOTA lediglich (Art. 31 Abs. 4 lit. g), „dass ... Fundstellen Europäischer Technischer Bewertungen der Öffentlichkeit zur Verfügung stehen". Die EOTA kommt dem auf ihrer Internetseite (siehe www.eota.eu) nach, auf der mittels einer Datenbank mit Suchfunktion nach Informationen über bestimmte ETAs gesucht werden kann. Dies betrifft

- die Nummer der ETA,
- eine Angabe, ob die ETA schon mal durch eine Neufassung ersetzt wurde,
- das Datum der Ausstellung,
- die Technische Bewertungsstelle, die die ETA ausgestellt hat,
- den ETA-Inhaber mit Adresse,

- den Handelsnamen des Produkts,
- allgemeine Angaben zu Produkt und Verwendungszweck,
- die Bewertungsgrundlage, also das EAD oder die ETAG (Leitlinie für europäische technische Zulassungen aus Zeiten der Bauproduktenrichtlinie), die als EAD herangezogen worden ist, sowie
- das oder die zutreffende(n) Verfahren der Bewertung und Überprüfung der Leistungsbeständigkeit.

Es gibt also weder eine Verpflichtung für EOTA, die ETAs im Volltext zu veröffentlichen, noch wäre es, aus Gründen des Copyrights, EOTA erlaubt, das zu tun. Daher bleibt es in der Verantwortung der jeweiligen Technischen Bewertungsstelle, die von ihr ausgestellten ETAs zu veröffentlichen (und ggf. zu welchen Konditionen) oder nicht. Das Deutsche Institut für Bautechnik z. B. ermöglicht den kostenlosen Download von ETAs (siehe www.dibt.de).

6.7 Kann eine Europäische Technische Bewertung geändert werden?

Eine Europäische Technische Bewertung ist, wie in Kapitel 6.1 erläutert, ein „Schnappschuss" im Hinblick auf die Leistung des Produkts. Zu diesem Konzept gehört nicht nur, dass die Bewertung als einmaliger Akt und ohne Befristung ausgestellt wird. Es bedeutet auch, dass eine solche Bewertung nicht förmlich geändert wird. Sie kann aber ggf., z. B. nach einer Änderung des Produkts oder bei Erweiterung hinsichtlich der bewerteten Wesentlichen Merkmale, erneut ausgestellt werden.

Wenn der Hersteller das wünscht und die Kontinuität hinsichtlich des Produkts das rechtfertigt, wird die Technische Bewertungsstelle als Nummer der neu ausgestellten ETA die gleiche Nummer verwenden wie für die früher ausgestellte ETA. Unterschieden werden beide Fassungen durch das Ausstellungsdatum und durch einen „Ersetzt"-Vermerk in der jüngeren ETA. Insofern ändert sich in der Praxis nichts im Vergleich zur Vorgehensweise bei der Änderung einer früheren europäischen technischen Zulassung.

6.8 Kann eine Europäische Technische Bewertung zurückgezogen werden?

Aufgrund des „Schnappschuss"-Konzepts (siehe Kapitel 6.1) ist die Aufgabe der Technischen Bewertungsstelle sofort nach der Ausstellung abgeschlossen. Die Bauproduktenverordnung sieht keine weiteren Tätigkeiten der Technischen Bewertungsstellen im Zusammenhang mit den von ihnen ausgestellten ETAs vor. Die Bewertung kann daher im Allgemeinen nicht zurückgezogen werden. Eine Ausnahme dürfte beispielsweise in dem Fall gegeben sein, dass ein Formaler Einwand gegen das zugrunde liegende Bewertungsdokument nach Art. 25 BauPVO dazu Anlass gibt.

Technische Bewertungsstellen oder die EOTA haben voraussichtlich die Möglichkeit, z. B. im Internet über ETAs zu informieren, bei denen bekannt ist, dass ihre Aussagen nicht mehr zutreffen. Dies ist jedoch bisher noch nicht ausdiskutiert.

Sollten neu hergestellte Produkte nicht (mehr) die Leistung aufweisen, die die für sie ausgestellte ETA ausweist, dann wäre es die Aufgabe des Herstellers, eine neue Bewertung zu beantragen, oder ggf. die Aufgabe einer notifizierten Stelle, diese Tatsache festzustellen und vom Hersteller die Beantragung einer neuen ETA zu verlangen. Ggf. wäre es auch Aufgabe der Marktüberwachungsbehörden, einen Verstoß gegen die Bestimmungen der Verordnung festzustellen, wenn die in der ETA und dann auch in der Leistungserklärung ausgewiesene Leistung vom Produkt nicht erreicht wird.

6.9 Welche Konsequenzen hat die Änderung des Handelsnamens für ein Produkt, für das eine Europäische Technische Bewertung ausgestellt worden ist?

Wenn der Handelsname eines Produkts geändert wird, für das eine Europäische Technische Bewertung ausgestellt worden ist, dann existiert keine zutreffende ETA für das Produkt mit dem neuen Namen. Die ETA für das Produkt mit altem Namen wird formal nicht ungültig, weil das im Konzept der Bauproduktenverordnung nicht vorgesehen ist; sie verliert jedoch schlicht ihre praktische Relevanz (vgl. auch Kapitel 6.10).

In einem solchen Fall sollte sich der Hersteller an die Technische Bewertungsstelle wenden, die seine ETA ausgestellt hat, und eine Neuausstellung unter Berücksichtigung des neuen Handelsnamens beantragen.

6.10 Kann ein Produkt, für das eine Europäische Technische Bewertung ausgestellt worden ist, unter einem anderen Handelsnamen ohne CE-Kennzeichnung verkauft werden?

Ja, das ist möglich. Die ETA bezieht sich nur auf das auf dem Deckblatt durch den Handelsnamen bezeichnete Produkt. Für „andere" Produkte, selbst identische, die aber unter anderem Handelsnamen in Verkehr gebracht werden, gilt die ETA nicht. Es ergeben sich in einem solchen Fall daher aus der ETA auch keine Verpflichtungen (vgl. auch Kapitel 6.9).

6.11 Wie ist vorzugehen, wenn mehrere Hersteller das gleiche Produkt auf der Grundlage einer jeweils für sie ausgestellten Europäischen Technischen Bewertung vermarkten wollen?

Diese Frage wird relevant z. B. in dem Fall, dass ein Hersteller ein Produkt in Lizenz produziert, für das sein Lizenzgeber bereits eine Europäische Technische Bewertung erhalten hat. Eine andere mögliche Voraussetzung wäre, dass eine Firma, die nach außen hin selbst als Hersteller auftritt, das Produkt selbst gar nicht produziert, sondern zukauft und mit dem eigenen Handelsnamen versieht; außerdem aber tritt die tatsächlich produzierende Firma selbst ebenfalls als Hersteller auf und hat für ihr Produkt bereits eine ETA erhalten.

In einem solchen Fall kann auch für den Hersteller, der in Lizenz fertigt oder zukauft, um die Produkte unter eigenem Namen vermarkten zu können, relativ leicht eine ETA ausgestellt werden. Die Voraussetzung ist die Genehmigung des Inhabers der „Original-ETA", dass seine Prüfberichte und ggf. weitere Unterlagen, die zur Ausstellung seiner ETA geführt haben, für dieses neue Verfahren verwendet werden dürfen. Außerdem muss gezeigt werden, dass die in Rede stehenden Produkte wirklich die gleichen sind wie die, für die bereits eine ETA ausgestellt worden ist.

Auf dieser Grundlage kann ohne erneute Prüfung eine ETA für den „Zweit-Hersteller" und dessen Produkt ausgestellt werden. Diese ETA enthält dann die gleichen Produktleistungen wie die Original-ETA. Sie unterscheidet sich formal in nichts von anderen ETAs; der besondere Hintergrund ist nicht erkennbar.

Da die Ausstellung einer solchen „Zweit-ETA" auf den Unterlagen beruht, die für die Original-ETA zusammengestellt worden sind, kann die Zweit-ETA nur von der Technischen Bewertungsstelle ausgestellt werden, die auch die Original-ETA ausgestellt hat.

Die Pflichten zur Durchführung aller Elemente des Systems zur Bewertung und Überprüfung der Leistungsbeständigkeit hat der Zweit-Hersteller formal ebenso wie der Inhaber der Original-ETA. Wenn der Zweit-Hersteller nur zukauft, muss er sicherstellen, dass sein Zulieferer die entsprechenden Maßnahmen durchführt bzw. ggf. durchführen lässt (falls die Einschaltung einer notifizierten Stelle erforderlich ist). Natürlich hat der Zulieferer diese Verpflichtung ohnehin, wenn er selbst sein eigenes Produkt mit Leistungserklärung und CE-Kennzeichnung vermarktet; allerdings fällt in diesem Zusammenhang jeder mögliche Fehler nicht nur auf ihn, sondern auch auf den Käufer und Zweit-Hersteller zurück. Für den Fall, dass der tatsächliche Hersteller das Produkt gar nicht unter eigenem Namen öffentlich anbietet, siehe Kapitel 8.1.

6.12 Welche Bedeutung hat eine Änderung eines Europäischen Bewertungsdokuments für die Europäischen Technischen Bewertungen, die auf der Grundlage der früheren Fassung des Bewertungsdokuments ausgestellt worden sind?

Wie in Kapitel 4.3 dargelegt, kann es sowohl formale als auch technisch-inhaltliche Gründe für die Änderung eines Europäischen Bewertungsdokuments geben. Wenn formale Gründe ausschlaggebend dafür waren, dass ein Bewertungsdokument nicht mehr den aktuellen Stand wiedergibt, dann gelten die in Rechtsakten festgelegten Vorschriften im Allgemeinen natürlich auch ohne dass das Bewertungsdokument sofort auf den letzten Stand gebracht worden ist. Eine Ausnahme stellt ein Rechtsakt zu einer Klassifizierung dar, der nur im Kontext mit einer harmonisierten Spezifikation praktisch wirksam werden kann (siehe auch Kapitel 5.2).

Ebenso gilt in den allermeisten Fällen auch für die Europäische Technische Bewertung, dass die entsprechenden Rechtsakte unabhängig von einer diesbezüglichen Änderung der ETA zu berücksichtigen sind. Es gibt hier jedoch eine mögliche Ausnahme:

Der Hersteller hat geänderte europäische Rechtsgrundlagen natürlich zu berücksichtigen und kann das formal im Allgemeinen tun, ohne dass an seiner ETA etwas geändert werden muss. Der Fall liegt aber anders, wenn von der Kommission ein Wesentliches Merkmal festgelegt worden ist, zu dem die Leistung seines Produkts in Bezug auf den Verwendungszweck immer angegeben werden muss, wenn das Produkt in Verkehr gebracht wird. Der Hersteller wäre dann verpflichtet, seine ETA um dieses Wesentliche Merkmal zu ergänzen, sie also neu ausstellen zu lassen, wenn dieses Merkmal in seiner aktuellen ETA nicht bewertet worden ist, denn auf anderem Wege könnte er keine Grundlage für die Erklärung der Leistung erhalten. Eine solche Festlegung durch die Kommission wird aber eher ein seltener Fall sein; es ist (Stand Juni 2020) bisher lediglich ein entsprechender Rechtsakt in Vorbereitung.

Im Rahmen von technisch-inhaltlichen Änderungen wird es Fälle geben, in denen ein Bewertungsdokument überarbeitet werden muss, weil, basierend auf einem entsprechenden Antrag auf Ausstellung einer ETA, weitere Wesentliche Merkmale berücksichtigt werden sollen. Dadurch wird die technische Grundlage im Hinblick auf die bereits enthaltenen Wesentlichen Merkmale und die Angaben zu den diesbezüglichen Produktleistungen in früher ausgestellten Bewertungen in keiner Weise verändert.

Es mag aber auch Fälle geben, in denen spätere Erfahrungen mit einem Produkt oder die Weiterentwicklung des technischen-wissenschaftlichen Kenntnisstands dazu führen, dass Bewertungsverfahren zu bestimmten Wesentlichen Merkmalen einer Revision unterzogen werden müssen. Auf der Basis eines derart revidierten Bewertungsdokuments ausgestellte Bewertungen werden dann möglicherweise andere Aussagen zu den Produktleistungen beinhalten als die früher ausgestellten.

Das hat formal keine Auswirkung auf die bereits aufgrund dieses Bewertungsdokuments ausgestellten ETAs. Die EOTA und die Technischen Bewertungsstellen werden darauf in zweierlei Weise reagieren. Erstens stellt die EOTA frühere Fassungen von Bewertungsdokumenten mindestens so lange zur Verfügung, wie es noch gültige ETAs gibt, die basierend auf einer solchen Fassung ausgestellt worden sind (siehe Kapitel 4.3). Zweitens enthalten neue Versionen von Bewertungsdokumenten Hinweise dazu, was gegenüber der Vorfassung geändert worden ist.

Der Hersteller muss in seiner Leistungserklärung das Ausgabedatum der Europäischen Technischen Bewertung angeben, auf der seine Leistungserklärung beruht (BauPVO, Art. 6 Abs. 2 lit. c), sowie die Version des Europäischen Bewertungsdokuments, die der ETA zugrunde lag (BauPVO, Anhang III Nr. 6 lit. b inklusive der zugehörigen Erläuterungen). Es ist damit jedem Marktteilnehmer möglich (wenn auch auf Umwegen), abzuschätzen, ob er eine auf einer älteren Fassung eines Bewertungsdokuments basierende Bewertung als ausreichend aussagekräftig ansieht oder nicht. Darüber hinaus werden die Technischen Bewertungsstellen die Hersteller informieren, denen sie bereits Bewertungen ausgestellt haben, und ihnen nahelegen, einen

Antrag auf Ausstellung einer Bewertung basierend auf dem aktuellen Bewertungsdokument zu stellen.

Es gibt jedoch keine Vorschriften in der Bauproduktenverordnung, die den Hersteller unmittelbar dazu verpflichten. Aber auch die Technische Bewertungsstelle, die die Bewertung ausgestellt hat, hat nach der Ausstellung keinen formalen Zugriff mehr auf die Bewertung (siehe Kapitel 6.7 und 6.8). In Kapitel 6.1 wurde bereits auf das „Schnappschuss"-Konzept hingewiesen, das einer ETA nach Rechtsauffassung der Kommissionsdienste zugrunde liegt.

6.13 Was ist zu beachten, wenn eine Europäische Technische Bewertung für ein Produkt vorliegt, für das später eine harmonisierte Norm bekannt gemacht wird?

Diese Frage hängt mit dem Begriff des Inverkehrbringens zusammen (siehe Kapitel 1.8). Das Inverkehrbringen ist kein einmaliger Vorgang. Wenn sich daher die formalen Grundlagen geändert haben, auf denen basierend die Produktleistungen zu ermitteln sind, dann müssen die neuen Grundlagen in der Leistungserklärung berücksichtigt werden.

Dazu passt auch die Regelung des Art. 17 Abs. 5 BauPVO, der besagt, dass „die harmonisierte Norm ab dem Tag des Endes der Koexistenzperiode die einzige Grundlage für die Erstellung einer Leistungserklärung für ein von der Norm erfasstes Bauprodukt" ist. Die harmonisierte Norm *muss* daher nach Ablauf der Koexistenzperiode für die Aufstellung der Leistungserklärung herangezogen werden. Wenn jedoch das konkrete Bauprodukt zu diesem Zeitpunkt bereits in Verkehr gebracht worden war, muss die Leistungserklärung nicht nachträglich geändert werden – was ja auch praktisch kaum möglich wäre, da der Hersteller ggf. keinen Zugriff mehr auf das Produkt hat und ein Händler oder Importeur die Verantwortung für eine geänderte Leistungserklärung weder übernehmen könnte noch müsste. Auch bei einer elektronisch zur Verfügung gestellten Leistungserklärung sollte der Hersteller keinen nachträglichen Zugriff mehr darauf haben (siehe Kapitel 8.11). Wie dagegen die Situation beim Übergang von einer alten zu einer neuen Fassung einer harmonisierten Norm zu interpretieren ist, dazu Kapitel 3.1 und 3.5.

Das heißt in der Konsequenz, dass eine einmal auf Basis einer ETA erstellte Leistungserklärung geändert werden muss, wenn später die Koexistenzperiode für eine auf das Produkt und seinen allgemein festgelegten Verwendungszweck voll zutreffende harmonisierte Norm abläuft. Allerdings kann das praktische

Schwierigkeiten nach sich ziehen. Es ist nicht hundertprozentig gewährleistet, dass die der ETA zugrunde liegenden Bewertungsverfahren identisch in die harmonisierte Norm übernommen werden. Es kann also vorkommen, dass Produktleistungen erneut und auf andere Weise ermittelt werden müssen. Das dürfte in einem solchen Fall auch praktisch dadurch erforderlich werden, dass die Verwendungsregeln der Mitgliedstaaten an die Regelungen der harmonisierten Norm angepasst werden, da diese erstens aktueller sind und zweitens eine allgemeine technische Grundlage für die gesamte Produktfamilie darstellen. Die Verwendung von Produkten, die am Ende der Koexistenzperiode der neuen harmonisierten Norm bereits in Verkehr gebracht worden sind und deren Leistungserklärung auf Basis einer ETA erstellt worden ist, mag daher in Einzelfällen problematischer sein, als das bei Anwendung der harmonisierten Norm der Fall wäre. Dies gilt jedenfalls dann, wenn sie lange irgendwo im Lager gelegen haben, da die Mitgliedstaaten für die Anpassung ihrer Verwendungsregeln ggf. auch Zeit brauchen. Es gibt allerdings hierfür noch keine praktischen Erfahrungen.

Falls eine ETA von einer harmonisierten europäischen Norm abgelöst wird, wird sie aber nicht von ihrer Technischen Bewertungsstelle zurückgezogen, da es dafür keine Rechtsgrundlage gibt. Vielmehr wird sie gegenstandslos, da sie für die Aufstellung der Leistungserklärung nicht mehr herangezogen werden kann.

Es gab durchaus für diese Frage rechtliche Auslegungen, die davon ausgingen, dass die ETA auch nach Ablauf der Koexistenzperiode einer voll zutreffenden harmonisierten Norm als Grundlage für die Aufstellung der Leistungserklärung und für die CE-Kennzeichnung herangezogen werden konnte. Diese Auslegung basierte wesentlich auf der früheren, alternativen Interpretation des Begriffs „Inverkehrbringen“, wie sie in Kapitel 1.8 ebenfalls erwähnt ist.

6.14 In welcher Sprache bzw. in welchen Sprachen ist eine Europäische Technische Bewertung erhältlich?

Europäische Technische Bewertungen werden auf Englisch erarbeitet und den jeweils anderen Technischen Bewertungsstellen zur Stellungnahme übersandt. Sie werden dann auch auf Englisch ausgestellt. Ob auch andere Sprachfassungen als Englisch erarbeitet werden, ist den einzelnen Technischen Bewertungsstellen überlassen.

Vom Deutschen Institut für Bautechnik werden sie parallel in Deutsch erarbeitet und in beiden Sprachen zur Verfügung gestellt.

7 Vereinfachte Verfahren

7.1 Wofür kann eine Angemessene Technische Dokumentation verwendet werden?

Art. 36 BauPVO beschreibt drei Fälle, in denen die Verwendung einer Angemessenen Technischen Dokumentation hilfreich sein kann. Im Wesentlichen waren diese Möglichkeiten bereits unter der Bauproduktenrichtlinie in einem (unverbindlichen) sogenannten Leitpapier zwischen den Kommissionsdiensten und den Mitgliedstaaten abgestimmt worden; sie wurden dann in den Entwurf der Bauproduktenverordnung und damit direkt in die Rechtsgrundlage übernommen.

Buchstabe a) des Art. 36 BauPVO nimmt Bezug auf Rechtsakte der Kommission, in denen festgelegt wird, dass ein Bauprodukt in Bezug auf ein bestimmtes Wesentliches Merkmal immer einer bestimmten Leistungsklasse zuzuordnen ist, ohne dass dies durch Prüfung nachgewiesen werden muss. Solche Rechtsakte gibt es bisher nur in Bezug auf brandschutzrelevante Eigenschaften von Bauprodukten. Sie wurden unter der Bauproduktenrichtlinie als „Entscheidungen der Kommission" aufgrund einer entsprechenden Entscheidung der Mitgliedstaaten im Ständigen Ausschuss für das Bauwesen erlassen[15]. Diese Entscheidungen der Kommission gelten in ihrem technischen Gehalt auch weiterhin; sie sind aber natürlich im Sinne der Verordnung zu lesen (siehe dazu auch Kapitel 9.1). Die Kommission kann die vorhandenen Rechtsakte ändern oder ergänzen, denn sie kann nach Art. 60 lit. g BauPVO in delegierten Rechtsakten die Bedingungen festlegen, „unter denen ein Bauprodukt ohne Prüfungen oder ohne weitere Prüfungen als einer bestimmten Leistungsstufe oder -klasse entsprechend gilt".

Der Hersteller kann sich nun in diesem Fall mittels einer Angemessenen Technischen Dokumentation auf einen solchen Rechtsakt der Kommission beziehen und so darlegen, dass sein Produkt einem in dem Rechtsakt genannten Produkt entspricht, und dadurch von der Vorabfestlegung einer Klasse in Bezug auf ein bestimmtes Wesentliches Merkmal ohne weitere Prüfung profitieren.

Buchstabe b) des Art. 36 BauPVO gilt bei Vorliegen einer zutreffenden harmonisierten Norm; er berücksichtigt z. B. den Fall der Herstellung in Lizenz oder des Weiterverkaufs von Produkten unter eigenem Namen.

15 Erstes Beispiel für eine solche Entscheidung ist die Entscheidung 96/603/EG vom 04.10.1996 (Amtsblatt der Europäischen Union L 267 vom 19.10.1996).

Für ein Produkt eines Herstellers ist bereits gemäß der Verordnung eine Leistungserklärung aufgestellt worden. Dieses Produkt wird aber auch, aufgrund privatrechtlicher Vereinbarungen, identisch von einem anderen Hersteller produziert oder auch einfach nur unter eigenem Namen weiterverkauft. Es ist nachvollziehbar, dass es dann sachlich nicht gerechtfertigt wäre, das Produkt des zweiten Herstellers bzw. des Weiterverkäufers ebenfalls Prüfungen zu unterziehen, um eine Leistungserklärung aufstellen zu können. Vielmehr kann der zweite Hersteller sich auf die Ergebnisse der Leistungsermittlung für das Produkt des ersten Herstellers beziehen, „wenn er die Genehmigung des betreffenden Herstellers [...] eingeholt hat". Er verwendet dann eine Angemessene Technische Dokumentation, um darzulegen, dass sein Produkt identisch mit dem Produkttyp des ersten Herstellers ist. Der erste Hersteller bleibt jedoch „für Genauigkeit, Zuverlässigkeit und Stabilität dieser Prüfergebnisse verantwortlich".

Im Fall einer eigenen Fertigung in Lizenz wäre eine eigene werkseigene Produktionskontrolle (WPK) durchzuführen. Diese WPK wäre ggf., je nach anzuwendendem System der Bewertung und Überprüfung der Leistungsbeständigkeit, auch von einer notifizierten Stelle zu überprüfen (siehe Kapitel 9.1).

Es wird in der Bauproduktenverordnung nicht ausdrücklich behandelt, ob der Zweithersteller sich explizit in der Angemessenen Technischen Dokumentation auf den Ersthersteller beziehen muss.

Buchstabe c) des Art. 36 BauPVO betrifft die Kombination oder Integration von Komponenten zu einem neuen oder in ein neues Bauprodukt durch einen Hersteller, wobei er die Komponente(n) von einem anderen Hersteller bezieht, der sie bereits im Hinblick auf die Produktleistung für bestimmte Wesentliche Merkmale geprüft hat. Diese bereits ermittelten Produktleistungen können bei der Aufstellung der Leistungserklärung für das weiterentwickelte Bauprodukt herangezogen werden; die Prüfungen müssen nicht wiederholt werden.

Es gilt wie in Buchstabe b), dass der Bausatzanbieter die Genehmigung des betreffenden Herstellers einholen muss. Er verwendet dann eine Angemessene Technische Dokumentation, um die bereits ermittelten Produktleistungen in die Feststellung seines Produkttyps zu integrieren. Der erste Hersteller bleibt jedoch auch hier „für Genauigkeit, Zuverlässigkeit und Stabilität dieser Prüfergebnisse verantwortlich".

Auch hierfür gibt es keine explizite Regelung dazu, ob der Zweithersteller den Namen des Erstherstellers offenlegen muss.

Für alle drei Fälle gilt: Es gibt keine Anforderungen in der Bauproduktenverordnung an das Format bzw. den Aufbau einer Angemessenen Technischen Dokumentation. Wenn System 1+ oder 1 der Bewertung und Überprüfung der Leistungsbeständigkeit für die betroffene Produktfamilie festgelegt ist, „wird die [...] Angemessene Technische Dokumentation von einer notifizierten Produktzertifizierungsstelle [...] überprüft".

Diese Anwendungsfälle schließen nicht die Möglichkeit ein, die Produktleistung abweichend von den Regelungen der zutreffenden harmonisierten Spezifikation, z. B. im Sinne einer „unwesentlichen Abweichung" zu ermitteln.

7.2 Wofür kann eine Spezifische Technische Dokumentation verwendet werden?

Art. 37 BauPVO geht auf Erleichterungen ein, die nur für Kleinstunternehmen gelten. Kleinstunternehmen sind definiert als Unternehmen mit weniger als zehn Mitarbeitern und einem Umsatz von ‹ 2.000.000,- € pro Jahr[16]. Außerdem betrifft die Definition auch Beteiligungsverhältnisse durch größere Unternehmen.

Weitere Voraussetzungen des Art. 37 sind das Vorliegen einer voll auf Produkt und Verwendungszweck zutreffenden harmonisierten Norm sowie die Festlegung von System 3 zur Bewertung und Überprüfung der Leistungsbeständigkeit für die betroffene Produktfamilie (siehe Kapitel 9.1). Dem Hersteller werden dann zwei Möglichkeiten eröffnet:

- Er kann bei der „Bestimmung des Produkttyps mittels Typprüfung" (gemeint ist hier wohl insbesondere die Ermittlung der Produktleistung) von den in der harmonisierten Norm vorgesehenen Verfahren abweichen.
- Er kann statt des Systems 3 das System 4 anwenden, d. h., anstatt ein notifiziertes Prüflabor bei der Ermittlung der Produktleistung einschalten zu müssen, kann er sie selbst ermitteln.

Art. 38 BauPVO betrifft Einzelfertigung bzw. Nicht-Serienfertigung (siehe Kapitel 1.11); Voraussetzung ist das Vorliegen einer harmonisierten Norm. Der Unterschied zu den Regelungen des Art. 5 lit. a BauPVO besteht darin, dass Art. 5 vom Einbau des Produkts durch den Hersteller selbst ausgeht, während in Art. 38 diese Bedingung nicht vorgesehen ist. Der Hersteller kann dann „den Leistungsbewertungsteil des [...] Systems [zur Bewertung

16 Siehe Empfehlung der Kommission 2003/361/EG vom 6. Mai 2003 betreffend die Definition der Kleinstunternehmen sowie der kleinen und mittleren Unternehmen (Amtsblatt der Europäischen Union L 124 vom 20.05.2003).

und Überprüfung der Leistungsbeständigkeit] durch eine Spezifische Technische Dokumentation ersetzen“, er kann also bei der Ermittlung der Produktleistung völlig frei vorgehen, ohne die Vorschriften der harmonisierten Norm zu berücksichtigen und ohne ein notifiziertes Prüflabor einschalten zu müssen.

In beiden Fällen gilt, dass er „mittels einer Spezifischen Technischen Dokumentation die Konformität des Bauprodukts mit den geltenden Anforderungen sowie die Gleichwertigkeit der verwendeten Verfahren mit den in den harmonisierten Normen festgelegten Verfahren“ nachweist. Wie dieser Nachweis der Gleichwertigkeit erfolgen soll, ist in der Verordnung nicht geregelt und praktisch unklar. Seitens der Verwender gibt es Befürchtungen, dass die Gleichwertigkeit dieser neuen Spezifischen Technischen Dokumentation für den Kunden in den seltensten Fällen nachvollziehbar oder überprüfbar sein wird und das Vertrauen in die deklarierte Leistung darunter leiden könnte. Ein verlässlicherer Weg wäre sicher, die in den harmonisierten Normen selbst festgelegten Verfahren anzuwenden.

8 Leistungserklärung

8.1 Muss im Fall der Belieferung eines einzigen Abnehmers eine Leistungserklärung erstellt werden?

Diese Frage stellt sich nur bei Vorliegen einer voll auf Produkt und Verwendungszweck zutreffenden harmonisierten Norm, denn nur dann entsteht überhaupt eine Pflicht zur Aufstellung einer Leistungserklärung und zur CE-Kennzeichnung (siehe Kapitel 1.9). Wenn aber dieser Fall vorliegt, kann diese Frage auftauchen: Muss auch dann eine Leistungserklärung aufgestellt werden, wenn der tatsächliche Hersteller das Produkt nicht „öffentlich" vermarktet, sondern nur einen einzigen Abnehmer beliefert, der dann das Produkt unter seinem eigenen Namen allgemein vermarktet und somit allein öffentlich als Hersteller auftritt?

Es geht bei dieser Frage um die Interpretation der Begriffe „Inverkehrbringen" und „Bereitstellung" (siehe Kapitel 1.8). Die Bauproduktenverordnung definiert das Inverkehrbringen als „die erstmalige Bereitstellung eines Bauprodukts auf dem Markt der Union" (BauPVO, Art. 2 Nr. 17). Sie verlangt in Art. 4 Abs. 1: „Ist ein Bauprodukt von einer harmonisierten Norm erfasst oder entspricht ein Bauprodukt einer Europäischen Technischen Bewertung, die für dieses ausgestellt wurde, so erstellt der Hersteller eine Leistungserklärung für das Produkt, wenn es in Verkehr gebracht wird." Bringt also der tatsächliche Hersteller das Produkt auf dem Markt der Union in Verkehr, wenn er es lediglich einem einzigen Abnehmer und gewissermaßen unter Ausschluss der Öffentlichkeit verkauft, weil erst sein Abnehmer sein Logo daraufklebt, ehe er das Produkt allgemein vermarktet?

Man mag eine solche Interpretation mit guten Gründen für unlogisch oder unverhältnismäßig halten. Allerdings definiert die Bauproduktenverordnung in Art. 2 Nr. 16 die Bereitstellung eines Produkts auf dem Markt als „jede entgeltliche oder unentgeltliche Abgabe eines Bauprodukts zum Vertrieb oder zur Verwendung auf dem Markt der Union im Rahmen einer Geschäftstätigkeit". Es ist wohl nicht zu leugnen, dass diese allgemein gehaltene Definition auf den geschilderten Sachverhalt zutrifft.

Von den Kommissionsdiensten gibt es dazu keine eindeutige Auskunft. In Diskussionen im Jahr 2018 wurde vielmehr deutlich, dass es mindestens zu diesem Zeitpunkt innerhalb der Kommissionsdienste zu dieser Frage gegensätzliche Auffassungen gab.

8.2 Müssen für Produkte derselben Bauart, aber z. B. mit unterschiedlichen Größen verschiedene Leistungserklärungen aufgestellt werden?

Eine Leistungserklärung wird erstellt für einen Produkttyp (siehe BauPVO, Art. 6 Abs. 2 lit. a). Ein Produkttyp wiederum ist definiert aus einem beschreibenden Teil („..., das unter Verwendung einer bestimmten Kombination von Rohstoffen oder anderer Bestandteile in einem bestimmten Produktionsprozess hergestellt wird") und einem Teil, der „den Satz der repräsentativen Leistungsstufen oder Leistungsklassen eines Bauprodukts in Bezug auf seine Wesentlichen Merkmale" enthält (BauPVO, Art. 2 Nr. 9).

Daraus ergibt sich, dass für Produkte mit unterschiedlichen Leistungen getrennte Leistungserklärungen erstellt werden müssen, auch wenn sie ähnlich sind und sich z. B. nur hinsichtlich ihrer Größe unterscheiden. Es kann aber wohl akzeptiert werden, wenn die Leistungserklärungen z. B. für Produkte gleicher Bauart, aber unterschiedlicher Größe in einem Dokument zusammengefasst werden, wenn für jede darin aufgeführte Größe eine eigene Nummer der Leistungserklärung angegeben wird.

8.3 Welche Fassung einer harmonisierten Spezifikation ist der Leistungserklärung zugrunde zu legen?

Kapitel 3.3 geht auf Koexistenzperioden ein. Da das Amtsblatt beim Übergang von einer früheren Fassung einer harmonisierten Norm zu einer aktuellen die frühere ausdrücklich als „ersetzt" kennzeichnet, verbunden mit einer Koexistenzperiode, ist davon auszugehen, dass die alte Fassung der Norm nach Ablauf der genannten Koexistenzperiode nicht mehr als Grundlage für die Erstellung einer Leistungserklärung und für die CE-Kennzeichnung zur Verfügung steht. Es muss also nach dem Ablauf der Koexistenzperiode für die dann in Verkehr gebrachten Produkte (siehe auch Kapitel 1.8) die jeweils im Amtsblatt genannte aktuelle Fassung der harmonisierten Norm herangezogen werden.

Im Hinblick auf Europäische Bewertungsdokumente ist die Situation weniger eindeutig, da eine darauf basierende ETA unbefristet gültig ist. Man könnte daraus schließen, dass zu Recht in einer Leistungserklärung auf eine ältere Fassung eines EAD verwiesen werden darf. Dem steht allerdings die Tatsache gegenüber, dass die Kommissionsdienste in den Listen der als harmonisierte Spezifikation bekannt gemachten EADs frühere Fassungen ebenfalls als „ersetzt" bezeichnen (siehe Bild 10). Dies gilt ebenso in den im Rahmen von

16.11.2018 DE Amtsblatt der Europäischen Union C 417/13

INFORMATIONEN DER MITGLIEDSTAATEN

Mitteilung der Kommission im Rahmen der Durchführung der Verordnung (EU) Nr. 305/2011 des Europäischen Parlaments und des Rates zur Festlegung harmonisierter Bedingungen für die Vermarktung von Bauprodukten und zur Aufhebung der Richtlinie 89/106/EWG des Rates

(*Veröffentlichung der Referenznummern Europäischer Bewertungsdokumente gemäß Artikel 22 der Verordnung (EU) Nr. 305/2011*)

(Text von Bedeutung für den EWR)

(2018/C 417/07)

Die Bestimmungen der Verordnung (EU) Nr. 305/2011 haben Vorrang gegenüber anderslautenden Bestimmungen in den Europäischen Bewertungsdokumenten

Referenznummer und Titel des Europäischen Bewertungsdokuments		Referenznummer und Titel des ersetzten Europäischen Bewertungsdokuments	Bemerkungen
200043-01-0103	Pfahlrohre aus duktilem Gusseisen	200043-00-0103	
200050-01-0102	Gabionenbehälter,- matten und -netze mit sechseckmaschigem gedrillten Drahtgeflecht mit Zink und/oder Zink und biologischer Beschichtung	200050-00-0102	

Bild 10: Ausschnitte (Kopf und einige Zeilen) aus der letzten konsolidierten Liste der Europäischen Bewertungsdokumente, bekannt gemacht in der Reihe C des Amtsblatts der EU

Rechtsakten bekannt gemachten Listen, die lediglich neue EADs oder neue EAD-Versionen bekannt machen (siehe Bild 6).

Es besteht für diese als „ersetzt“ bezeichneten EAD-Fassungen also eine gewisse Rechtsunsicherheit. Ggf. sollten sich Hersteller an ihre Technische Bewertungsstelle wenden und die Ausstellung einer formal aktuellen ETA besprechen.

8.4 Kann eine Leistungserklärung auf mehr als eine harmonisierte Spezifikation verweisen?

Für die Beantwortung dieser Frage muss man sich zuerst verdeutlichen, dass eine Leistungserklärung immer die Paarung aus Produkt *und* Verwendungszweck, wie er in einer harmonisierten Spezifikation allgemein bezeichnet ist, betrifft.

Wenn also in einer Leistungserklärung ein Produkt mit zwei möglichen Verwendungszwecken erfasst wird, dann können diesen zwei Verwendungszwecken durchaus zwei verschiedene harmonisierte Spezifikationen zugrunde liegen. Beispiel: Ein Normalmörtel kann als Mauer- (EN 998-2:2016) oder als Putzmörtel (EN 998-1:2016) eingesetzt werden. Es spricht in diesem Fall nichts dagegen, beide Verwendungszwecke, klar voneinander abgegrenzt, mit dem Bezug zur jeweiligen harmonisierten Norm und den Produktleistungen für die jeweils relevanten Wesentlichen Merkmale in einer Leistungserklärung, also in einem Dokument abzuhandeln. Allerdings ist dabei zu beachten, dass die Leistungserklärung für jeden Produkttyp eine eigene Nummer haben muss (siehe Kapitel 8.2).

Anders liegt der Fall, wenn es sich um dasselbe Produkt und denselben Verwendungszweck handelt. Hier muss man unterscheiden zwischen folgenden denkbaren Fällen:

- Bezugnahme in der Leistungserklärung auf zwei harmonisierte Normen,
- Bezugnahme in der Leistungserklärung auf zwei Europäische Bewertungsdokumente,
- Bezugnahme in der Leistungserklärung auf eine Kombination aus harmonisierter Norm und Europäischem Bewertungsdokument.

Jede Situation mit Bezug zu mehr als zwei harmonisierten Spezifikationen ist von diesen drei Möglichkeiten miterfasst.

Eindeutig liegt der Fall bei der letztgenannten Möglichkeit. Die Bauproduktenverordnung sagt in Anhang III, Erläuterungen zu Nr. 6: „Da ein Hersteller eine Leistungserklärung auf der Grundlage einer harmonisierten Norm oder einer Europäischen Technischen Bewertung für dieses Produkt erstellen kann, sollten diese beiden unter den Nummern 6 a und 6 b angegebenen Möglichkeiten als Alternativen betrachtet werden, wobei in einer Leistungserklärung lediglich eine von beiden anzuwenden und die jeweilige Nummer entsprechend auszufüllen ist."

Wenn also ein Hersteller sein Produkt CE-kennzeichnen will, das einer lückenhaften harmonisierten Norm unterliegt, muss ein Europäisches Bewertungsdokument erarbeitet werden, das alle in der Norm aufgeführten Wesentlichen Merkmale mit ihren Bewertungsverfahren in Bezug nehmen und dann lediglich um (ein) Bewertungsverfahren für das oder die in der Norm fehlende(n) Wesentliche(n) Merkmal(e) ergänzen muss. Die einzige harmonisierte Spezifikation, die dann in der Leistungserklärung in Bezug genommen werden darf, ist das Europäische Bewertungsdokument. Wenn der Hersteller aber in seiner Leistungserklärung die harmonisierte Norm gern irgendwie sichtbar machen möchte (z. B. weil sie für sein Produkt ein allgemein bekanntes Bezugsdokument darstellt), dann kann er neben dem Verweis auf die harmonisierte Spezifikation ergänzend Angaben zu der Quelle für jedes Bewertungsverfahren machen, die ja in fast allen Fällen aus der harmonisierten Norm übernommen worden sind (siehe Tabelle 1).

Im Fall der Angabe von zwei gleichartigen harmonisierten Spezifikationen ist die Situation nicht so eindeutig. Die Bauproduktenverordnung enthält dazu keine explizite Aussage; man kann lediglich versuchen, aus der Verwendung von Singular und Plural eine Antwort herzuleiten. Leider ergibt sich auch daraus keine belastbare Antwort, da die Verordnung auch in dieser Beziehung nicht konsistent geschrieben ist.

Die Kommissionsdienste stehen klar auf dem Standpunkt, dass die Angabe von mehr als einer harmonisierten Spezifikation in der Leistungserklärung nicht zulässig ist. Allerdings haben sie selbst bereits im Jahr 2016 einen entsprechenden Präzedenzfall geschaffen. Dabei geht es um Türen.

Die Verfasser der Normen für Türen im zuständigen CEN/TC 33 haben sich folgendes Konzept ausgedacht: Eine Norm (EN 14351-1) betrifft Außentüren im Allgemeinen, während spezielle Eigenschaften, nämlich Feuer- und Rauchschutzeigenschaften, ergänzend in einer weiteren Norm (EN 16034) geregelt sind. D. h. also, die Wesentlichen Merkmale einer Außentür *mit* Feuer- und Rauchschutzeigenschaften können nur unter Zuhilfenahme *beider* Normen bewertet werden. Ähnliches gilt übrigens für Tore (EN 13241) und würde auch für Innentüren gelten, wenn EN 14351-2 bereits im Amtsblatt der EU als harmonisierte Norm aufgeführt worden wäre.

Tabelle 1: Ausschnitt aus einer fiktiven Leistungserklärung für eine Abdichtungsbahn, die nicht nur auf die harmonisierte Spezifikation, sondern zusätzlich auch auf die jeweils in der harmonisierten Spezifikation herangezogenen Prüfnormen verweist. Ebenso könnte das Prinzip auch bei einem EAD als harmonisierte Spezifikation angewendet werden.

Wesentliches Merkmal	Leistung	Prüfnorm	harmonisierte technische Spezifikation
Wasserdichtheit	bestanden	EN 1928	EN 13956:2012
Beanspruchung durch Feuer von außen	B_{ROOOF} (t1) < 20°	EN 13501-5	
Brandverhalten	Klasse E	EN ISO 11925-2, Klassifizierung nach EN 13501-1	
Schälwiderstand der Fügenaht	≥ 300 N/50 mm	EN 13216-2	
Scherwiderstand der Fügenaht	≥ 600 N/50 mm	EN 13217-2	
Zugfestigkeit in Längsrichtung in Querrichtung	 ≥ 10 N/mm² ≥ 9 N/mm²	EN 12311-2	
Zugdehnung in Längsrichtung in Querrichtung	 ≥ 250 % ≥ 230 %	EN 12311-2	
Verhalten beim Falzen bei tiefen Temperaturen	≤ −25 °C	EN 495-5	
Verhalten bei UV-Bestrahlung	bestanden (> 5000 h/ Stufe 0)	EN 1297	

Die Reaktion der Kommissionsdienste auf diesen Fall ist, die ergänzende Norm EN 16034 mit einem Zusatz im Amtsblatt bekannt zu machen, der da lautet: „HINWEIS: Die Norm EN 16034:2014 ist nur in Verbindung entweder mit EN 13241:2003+A2:2016 oder mit EN 14351-1:2006+A2:2016 anzuwenden".

Im Ergebnis muss dann im vorliegenden Beispiel offensichtlich in der Leistungserklärung auf EN 14351-1:2006+A2:2016 *und* EN 16034:2014 Bezug genommen werden. Auf entsprechende Fragen seitens der Vertreter der Mitgliedstaaten im Ständigen Ausschuss für das Bauwesen haben die Kommissionsdienste erläutert, dass sie trotzdem den Verweis auf zwei harmonisierte Spezifikationen in der Leistungserklärung für ein Produkt mit seinem Verwendungszweck für falsch und nicht im Einklang mit der Bauproduktenverordnung halten; die geschilderte Vorgehensweise solle nicht als Präzedenzfall betrachtet werden.

8.5 Welche Wesentlichen Merkmale muss die Leistungserklärung aufführen, und für welche Wesentlichen Merkmale sind Leistungsangaben zu machen?

In der Leistungserklärung müssen alle Wesentlichen Merkmale aufgeführt werden, die in der zugrunde liegenden harmonisierten Spezifikation, also der harmonisierten Norm oder dem Europäischen Bewertungsdokument, behandelt werden (BauPVO, Art. 6 Abs. 3 lit. b), unabhängig davon, ob der Hersteller die entsprechenden Produktleistungen erklären will oder nicht. Wenn er keine Leistung zu einem Wesentlichen Merkmal erklären will, enthält die Leistungserklärung zu diesem Merkmal die Angabe „NPD" (No Performance Determined – keine Leistung festgestellt).

Zu der Frage, welche Produktleistungen erklärt werden müssen, enthält die Verordnung eine Reihe von zum Teil hilfreichen, zum Teil selbstverständlichen, zum Teil gut gemeinten, aber nicht durchschlagenden Vorschriften. Selbstverständlich und für die Praxis wohl kaum relevant ist die Vorschrift, dass immer für mindestens ein Wesentliches Merkmal eine Leistung anzugeben ist (BauPVO, Art. 6 Abs. 3 lit. c). Ebenso selbstverständlich ist, dass die Leistung für solche Wesentlichen Merkmale anzugeben ist, für die dies aufgrund eines Rechtsakts der Kommission immer zu erfolgen hat (BauPVO, Art. 6 Abs. 3 lit. d).

Hilfreich ist die Aussage, dass bei Vorliegen einer Europäischen Technischen Bewertung für alle dort aufgeführten Wesentlichen Merkmale eine Leistung anzugeben ist (BauPVO, Art. 6 Abs. 3 lit. g). Eine Auswahlmöglichkeit in Bezug auf die Wesentlichen

Merkmale, die im Interesse des Herstellers liegen, ist bereits auf Ebene der Bewertung selbst gegeben (siehe Kapitel 6.5); daher ist es schlüssig, dass auch in der Leistungserklärung für alle Wesentlichen Merkmale, für die in der Bewertung eine Leistung angegeben ist, eine konkrete Leistungsangabe gemacht wird.

Gut gemeint, aber wohl nicht belastbar ist der Inhalt von Art. 6 Abs. 3 lit. e BauPVO. Es soll offensichtlich (richtigerweise) erreicht werden, dass der Verwender alle für die Verwendung am Ort erforderlichen Angaben über das Produkt erhält. Doch wie soll das sichergestellt werden? Die Verordnung verweist hier auf die Intention des Herstellers im Hinblick darauf, wo er „eine Bereitstellung des Produkts auf dem Markt beabsichtigt“. Der Hersteller ist jedoch nur für die erstmalige Bereitstellung verantwortlich, also, gemäß der Definition in Art. 2 Nr. 17 BauPVO, für das Inverkehrbringen. Es entzieht sich, unabhängig von seinen Absichten, dem juristischen Zugriff des Herstellers, wo das Produkt letztlich zur Verwendung auf einer Baustelle auftaucht. Wollte man also das Ziel des Art. 6 Abs. 3 lit. e BauPVO sicherstellen, müsste man den Hersteller (und ggf. alle weiteren Akteure in der Handelskette) dazu verpflichten, beim Verkauf festzulegen, dass das Produkt wirklich dort eingesetzt wird, wo dies der Hersteller beim Aufstellen der Leistungserklärung beabsichtigt hat – was völlig praxisfremd wäre.

Als Ergebnis ist festzuhalten, dass wohl nicht verbindlich davon ausgegangen werden kann, dass eine Leistungserklärung alle Angaben enthält, die am Ort der Verwendung benötigt werden. Es wird daher verstärkt Aufgabe der Verantwortlichen auf der Baustelle sein, dies zu prüfen und ggf. auf anderem Wege sicherzustellen bzw. (vom Hersteller) sicherstellen zu lassen, dass das Produkt die jeweils erforderlichen Leistungen erbringt.

Eine Besonderheit kann sich im Zusammenhang mit Leistungserklärungen basierend auf einem Europäischen Bewertungsdokument ergeben. Ein Bewertungsdokument darf nach Rechtsauffassung der Kommissionsdienste nur diejenigen Wesentlichen Merkmale enthalten, die auf der Grundlage des jeweils vorliegenden Antrags oder der Anträge angesprochen sind (siehe Kapitel 4.1). Es wird ggf. aufgrund weiterer Anträge für die betroffenen Produkte mit dem Verwendungszweck oder den Verwendungszwecken ergänzt (siehe Kapitel 4.3).

Es kann sich daher die Situation ergeben, dass in einer früheren Fassung eines Bewertungsdokuments ein Wesentliches Merkmal nicht enthalten war und später ergänzt worden ist. Ein Hersteller, der seine Leistungserklärung aufgrund einer ETA erstellt hat, die auf der älteren Fassung beruht, kann also zu diesem Wesentlichen Merkmal nichts erklären. Wenn er seine Meinung nicht geändert hat, wird er dies wohl auch nicht wollen, denn sonst wäre das Merkmal ja bereits in dieser älteren Fassung des Bewertungsdokuments berücksichtigt worden. Seine Leistungserklärung wird das Merkmal schlicht nicht enthalten.

Ein anderer Hersteller, der ebenso dieses Merkmal nicht berücksichtigen will, der aber seine Bewertung erst später und basierend auf der um dieses Merkmal ergänzten Fassung des Bewertungsdokuments erhalten hat, muss das Merkmal in seine Leistungserklärung aufnehmen und dann „NPD“ erklären.

8.6 Können die Leistungen in der Leistungserklärung einfach durch Inbezugnahme der für das Produkt ausgestellten ETA angegeben werden?

Anhang III der Bauproduktenverordnung, der das Muster für eine Leistungserklärung sowie Anleitungen für die Erstellung von Leistungserklärungen enthält, weist darauf hin (Erläuterungen zu Nr. 7 des Musters („Erklärte Leistung(en)“), dass die Leistung „deutlich und ausdrücklich anzugeben [ist]. Deshalb ist es nicht ausreichend, die Leistung in der Leistungserklärung anzugeben, indem lediglich eine von den Abnehmern anzuwendende Berechnungsformel eingefügt wird. Darüber hinaus müssen die in den Bezugsunterlagen angegebenen Leistungsstufen oder -klassen in der Leistungserklärung wiederholt werden und dürfen folglich nicht lediglich durch die Einfügung von Verweisen auf diese Dokumente in die Leistungserklärung angegeben werden.“

Dementsprechend kann in der Leistungserklärung nicht einfach auf die Europäische Technische Bewertung verwiesen werden, sondern die in der ETA angegebenen Leistungen müssen in die Leistungserklärung übernommen werden.

Bei der Darstellung der Leistungen in der Leistungserklärung ist der Hersteller allerdings recht frei. Es könnte sich auch um eine Tabelle handeln, die direkt aus der ETA übernommen werden kann, wenn die ETA die Daten bereits so aufbereitet enthält.

8.7 Kann in einer Leistungserklärung ein schlechterer Wert angegeben werden, als für das Produkt ermittelt worden ist, z. B. in einer Europäischen Technischen Bewertung?

Die Bauproduktenverordnung enthält zwar mehr oder weniger aussagekräftige Vorschriften dazu, für welche Wesentlichen Merkmale Leistungen zu erklären sind (siehe Kapitel 8.5), sie geht aber nicht darauf ein, in welcher Höhe die Leistungen dann quantitativ zu erklären sind. Naheliegend wäre der Gedanke, dass genau die Leistungen in der Leistungserklärung anzugeben sind, die gemäß den Vorschriften ermittelt worden sind. D. h. also, im Fall, dass eine ETA ausgestellt wurde, wäre die Leistung anzugeben, die in der Bewertung ausgewiesen ist, im Fall, dass eine harmonisierte Norm der Leistungserklärung zugrunde liegt, wäre bei den Systemen der Bewertung und Überprüfung der Leistungsbeständigkeit 1+, 1 oder 3 (siehe dazu Kapitel 9.1) die von einer notifizierten Stelle ermittelte Leistung zu deklarieren.

Eine in diesem Zusammenhang wichtige Vorschrift steht in Art. 6 Abs. 3 lit. g BauPVO der Bauproduktenverordnung. Die Leistungserklärung enthält u. a., „wenn eine Europäische Technische Bewertung für das Produkt erstellt wurde, die Leistung des Bauprodukts nach Stufen oder Klassen oder in einer Beschreibung in Bezug auf alle Wesentlichen Merkmale, die in der entsprechenden Europäischen Technischen Bewertung enthalten sind.“ Der Bezug zur Bewertung wird in dieser Vorschrift also nur hinsichtlich der Wesentlichen Merkmale aufgestellt, die vollständig aus der Bewertung in die Leistungserklärung übernommen werden müssen (siehe Kapitel 8.5). Es gibt dagegen keinen konkreten Hinweis darauf, dass die in der Bewertung angegebene Leistung 1:1 zu übernehmen ist.

Die Kommissionsdienste haben daher die Auffassung vertreten, dass ein Hersteller auch andere, niedrigere Leistungen deklarieren kann. Er könnte ggf. ein Interesse daran haben, so vorzugehen, wenn er das hinsichtlich der Vermarktungschancen für vertretbar hält und wenn er sich auf diese Weise ein gewisses Risikopolster z. B. für eventuelle Überprüfungen der Produktleistung durch Marktüberwachungsbehörden verschaffen will. Dem stehen aber andere Überlegungen entgegen.

Eine weitere wesentliche Vorschrift findet man im Anhang III BauPVO, dort in den Erläuterungen zu Nr. 7 (siehe Kapitel 8.6). Der Grund für die Einführung dieser Vorschrift war, dass man Verweise auf andere Dokumente oder Angaben in einer Form, die nicht sofort verständlich sind oder irgendeinen Interpretationsspielraum eröffnen, vermeiden wollte. In diesem Zusammenhang, der mit der oben gestellten Frage nichts zu tun hat, wird nun aber verlangt, dass „die in den Bezugsunterlagen angegebenen Leistungsstufen oder klassen in der Leistungserklärung wiederholt werden.“ Dazu muss zuerst geklärt werden, was mit den Bezugsunterlagen gemeint ist. Dieser Terminus kommt in der Verordnung nur an dieser Stelle vor; eine Antwort auf diese Frage aufgrund der Verwendung des Begriffs in einem anderen Kontext ergibt sich also nicht. Dem Sinn nach kann es sich aber nur entweder um die ETA handeln oder um die Berichte über die

Erstprüfung des Produkts gemäß einer harmonisierten Norm, denn nur aus diesen Unterlagen können die jeweiligen Leistungsstufen oder klassen entnommen werden. Die diesbezüglichen Angaben sind nun zu wiederholen, d. h. offensichtlich wortwörtlich zu übernehmen. Eine Abminderung der in diesen Bezugsunterlagen angegebenen Leistungsstufen oder -klassen, z. B. um eine gewisse Sicherheitsreserve zu schaffen, ist danach nicht möglich.

In der Praxis wird dieser Sachverhalt jedoch basierend auf der gegenteiligen Sichtweise der Kommissionsdienste anders gehandhabt.

8.8 Muss im Falle der Hinzufügung, Korrektur oder Löschung einer der in der Bauproduktenverordnung genannten weiteren produktbezogenen Unterlagen auch die Nummer der Leistungserklärung geändert werden?

Außer der Leistungserklärung sind dem Produkt andere Unterlagen mitzugeben, nämlich eine Gebrauchsanleitung, Sicherheitsinformationen (BauPVO, Art. 11 Abs. 6, Art. 13 Abs. 4, Art. 14 Abs. 2) sowie ggf. die gemäß Art. 31 (Sicherheitsdatenblätter) bzw. 33 (Informationen über Stoffe in Erzeugnissen) der REACH-Verordnung[17] genannten Unterlagen.

Das Muster einer Leistungserklärung nach Anhang III der Bauproduktenverordnung stellt nur eine Verbindung her zwischen der Leistungserklärung und einer Angemessenen Technischen Dokumentation oder einer Spezifischen Technischen Dokumentation (wenn zutreffend; Letztere nur im Fall, dass die harmonisierte Spezifikation eine Norm ist; siehe Anhang III Nr. 8 BauPVO und Kapitel 7.1 und 7.2). Die anderen genannten Unterlagen werden weder im Anhang III noch in Artikel 6 der Bauproduktenverordnung genannt. Daraus dürfte sich ergeben, dass wegen einer Änderung dieser nicht in Bezug genommenen Dokumente keine Änderung der Leistungserklärung erforderlich ist.

---

17 Verordnung (EG) Nr. 1907/2006 des Europäischen Parlaments und des Rates vom 18. Dezember 2006 zur Registrierung, Bewertung, Zulassung und Beschränkung chemischer Stoffe (REACH), zur Schaffung einer Europäischen Agentur für chemische Stoffe, zur Änderung der Richtlinie 1999/45/EG und zur Aufhebung der Verordnung (EWG) Nr. 793/93 des Rates, der Verordnung (EG) Nr. 1488/94 der Kommission, der Richtlinie 76/769/EWG des Rates sowie der Richtlinien 91/155/EWG, 93/67/EWG, 93/105/EG und 2000/21/EG der Kommission (Amtsblatt der Europäischen Union L 396 vom 30.12.2006)

Wenn allerdings an einer Angemessenen Technischen Dokumentation oder einer Spezifischen Technischen Dokumentation etwas geändert werden sollte, dann dürfte die Situation eine andere sein, da Anhang III der Verordnung die Inbezugnahme dieser Dokumente in der Leistungserklärung verlangt, wenn ein solches Dokument bei der Ermittlung der Produktleistung mit zugrunde gelegt wird. Diese Inbezugnahme wird in Form einer – in der Verordnung nicht näher beschriebenen – Bezeichnung der Dokumentation, z. B. in Form einer Nummer oder mittels Bezug auf das Produkt und Datumsangabe der Aufstellung der Dokumentation erfolgen. Wenn nun an einer solchen Dokumentation etwas geändert wird, wird der Hersteller diese Bezeichnung und damit dann auch die Leistungserklärung (einschließlich ihrer Nummer) ändern müssen.

8.9 Muss die Leistungserklärung neu ausgestellt werden, wenn der Unterzeichner das Unternehmen verlässt?

In der FAQ(Frequently Asked Questions)-Liste der deutschen Marktüberwachungsbehörden[18] findet man aktuell (Stand Juni 2020) den Hinweis: „Die Vertretungsberechtigung bzw. Bevollmächtigung muss zu dem Zeitpunkt vorliegen, in dem das Bauprodukt, welches von der Leistungserklärung erfasst ist, in Verkehr gebracht wird.“ Da unter dem Inverkehrbringen kein einmaliger Vorgang zu verstehen ist, weil es um die erstmalige Bereitstellung jedes einzelnen Bauprodukts geht (siehe Kapitel 1.8), muss also die Leistungserklärung an die aktuelle Situation angepasst werden, d. h. von dem neuen Zeichnungsberechtigten unterzeichnet werden.

8.10 Welche Regelungen gibt es hinsichtlich der Sprache, die in der Leistungserklärung zu verwenden ist?

Art. 7 Abs. 4 BauPVO besagt, dass die Leistungserklärung „in der Sprache beziehungsweise den Sprachen zur Verfügung gestellt [wird], die von dem Mitgliedstaat, in dem das Produkt bereitgestellt wird, vorgeschrieben werden“. § 6 des Bauproduktengesetzes[19] füllt diese Regelung für Deutschland aus: „Für Artikel 7 Absatz 4, Artikel 11 Absatz 6, Artikel 13 Absatz 4 und Artikel 14 Absatz 2 der EU-Bauproduktenverordnung wird

18 https://www.dibt.de/fileadmin/dibt-website/Dokumente/Referat/P3_P6/Marktueberwachung_BauPVO_FAQ.pdf

19 Bauproduktengesetz vom 5. Dezember 2012 (BGBl. I S. 2449, 2450)

Deutsch als die zu verwendende Sprache festgelegt. ..." Die weiteren Artikel der Bauproduktenverordnung, auf die hier im Bauproduktengesetz verwiesen wird, betreffen die Gebrauchsanleitung und die Sicherheitsinformationen und richten sich an Hersteller (Art. 11 Abs. 6), Importeure (Art. 13 Abs. 4) und Händler (Art. 14 Abs. 2).

8.11 Muss die Leistungserklärung in Papierform zur Verfügung gestellt werden?

Nach Art. 7 Abs. 3 BauPVO ist es möglich, die Leistungserklärung auf einer Website zur Verfügung zu stellen. Die Bedingungen dafür wurden von den Kommissionsdiensten in einem delegierten Rechtsakt festgelegt[20]. Sicherzustellen ist dabei,

- dass der Inhalt der Leistungserklärung nicht nachträglich geändert werden kann,
- dass die Website kontinuierlich zur Verfügung steht,
- dass die Leistungserklärung während eines Zeitraums von zehn Jahren kostenlos zur Verfügung steht (dieser Zeitraum kann durch einen delegierten Rechtsakt der Kommissionsdienste geändert werden),
- dass der Hersteller dem Abnehmer eindeutige Anweisungen zur Verfügung stellt, wie er auf die Leistungserklärung zugreifen kann.

Darüber hinaus gilt auch hier, dass das jeweilige Produkt oder die Charge eindeutig über den Kenncode des Produkttyps (siehe Kapitel 1.7) mit der Leistungserklärung verknüpft sein muss.

Art. 7 Abs. 2 BauPVO verlangt, dass „eine Abschrift der Leistungserklärung in gedruckter Form [...] zur Verfügung gestellt [wird], sofern diese vom Abnehmer gefordert wird". Nun ermöglicht es Art. 7 Abs. 3 BauPVO den Kommissionsdiensten, Festlegungen zur Verfügbarkeit der Leistungserklärung auf einer Website zu treffen und dabei von den Absätzen 1 und 2 abzuweichen. Der delegierte Rechtsakt, der von der Kommission nach Absatz 3 erlassen worden ist, verweist jedoch in seinem Art. 1 nur darauf, dass von Art. 7 Abs. 1 BauPVO abgewichen werden kann. Daher gilt Abs. 2 weiterhin, und der Abnehmer des Produkts kann eine Abschrift der Leistungserklärung in gedruckter Form verlangen, auch wenn sie über das Internet erhältlich ist.

---

20 Delegierte Verordnung (EU) Nr. 157/2014 der Kommission vom 30. Oktober 2013 über die Bedingungen für die Zurverfügungstellung einer Leistungserklärung von Bauprodukten auf einer Website (Amtsblatt der Europäischen Union L 52 vom 21.02.2014)

9 Systeme zur Bewertung und Überprüfung der Leistungsbeständigkeit

9.1 Was sind Systeme zur Bewertung und Überprüfung der Leistungsbeständigkeit?

Unter der Bauproduktenrichtlinie war der entsprechende Terminus „Systeme der Konformitätsbescheinigung“. Der Gedanke war damals, dass ein Bauprodukt mit Regelungen einer harmonisierten Spezifikation „konform“ ist. Die Bauproduktenverordnung verwendet nun eine andere Terminologie. Wie in Kapitel 1.3 erklärt, beruht die Bauproduktenverordnung auf einem von anderen Harmonisierungssektoren abweichenden Konzept, das auch an dieser Stelle durch eine besondere Nomenklatur deutlich gemacht werden soll (vgl. auch Kapitel 1.4).

Das Konzept der Verordnung sieht vor, dass zuerst die Produktleistung (aufgrund der in einer harmonisierten Norm oder einem Europäischen Bewertungsdokument beschriebenen „europäischen technischen Sprache“, also den harmonisierten Bewertungsverfahren) ermittelt wird. Anschließend soll sichergestellt werden, dass diese Leistung dauerhaft, also auch von den Produkten erbracht wird, die z. B. drei Jahre später produziert werden. Dazu dient ein System der Bewertung und Überprüfung der Leistungsbeständigkeit, das für jede Produktfamilie festgelegt ist.

Diese Festlegung erfolgte nach der Bauproduktenrichtlinie durch Entscheidung der im Ständigen Ausschuss für das Bauwesen versammelten Mitgliedstaaten. Diese Entscheidungen wurden in formalen Rechtsakten der Kommission, die bis 2005 ebenfalls „Entscheidung“ hießen, niedergelegt und verbindlich gemacht. Sie gelten auch noch unter der Bauproduktenverordnung (wie beim Sachverhalt gemäß Kapitel 7.1 Buchstabe a)), sind aber natürlich im Sinne der Verordnung zu lesen. So ist vor allem bei Bezugnahme darauf die Nomenklatur der Verordnung anzuwenden.

Die Kommissionsdienste haben nun nach Art. 60 lit. h BauPVO die Möglichkeit, sowohl diese Systeme hinsichtlich der Kombination der jeweils zusammengehörenden Elemente zu ändern (die aktuelle Situation beschreibt Bild 11) als auch festzulegen, welches der Systeme für welche Produktfamilie zur Anwendung kommen soll.

„Dabei gibt die Kommission dem beziehungsweise den jeweils am wenigsten aufwendigen System(en), die mit der Erfüllung

	BauPVO Anhang V	1.1	1.2	1.3	1.4	1.5	1.6
	Kurzbezeichnung	1+	1	2+	3	4	
Hersteller	Feststellung des Produkttyps						*)
	werkseigene Produktionskontrolle (WPK)						
	Prüfung von Proben nach Prüfplan						
notifizierte Stelle	Feststellung der Produktleistung						*)
	Erstinspektion (Werk und WPK)						
	Überwachung, Bewertung und Evaluierung der WPK						
	Stichprobenprüfung (vor dem Inverkehrbringen)						
	Dokument der notifizierten Stelle	Bescheinigung der Leistungsbeständigkeit		Bescheinigung der Konformität der WPK			
		Leistungserklärung					

Aufgaben des Herstellers
Aufgaben einer notifizierten Stelle
*) Im Fall, dass eine Europäische Technische Bewertung für das Produkt ausgestellt worden ist, entfallen alle Aufgaben von Hersteller oder notifizierter Stelle, die sich auf die Produktbewertung beziehen, da diese durch die Technische Bewertungsstelle in der Europäischen Technischen Bewertung bereits vorgenommen wurde.

Bild 11: Übersicht über die Systeme zur Bewertung und Überprüfung der Leistungsbeständigkeit und deren Elemente. Die Aufgaben, die mit der Ermittlung der Produktleistung, also der Bewertung, zu tun haben, sind grau unterlegt, die anderen Aufgaben, die die Überprüfung der Leistungsbeständigkeit betreffen, sind nicht hervorgehoben.

aller Grundanforderungen an Bauwerke vereinbar sind, den Vorzug“ (BauPVO, Art. 28 Abs. 2 Unterabsatz 2). Damit wird also einerseits ein erforderliches Minimum definiert, das aber andererseits aufgrund der Artikel 37 und 38 BauPVO noch unterschritten werden kann (siehe Kapitel 7.2).

Solche Rechtsakte der Kommission hießen später „Beschluss“ und aktuell „Delegierter Beschluss“. Insgesamt gibt es rund 60 Rechtsakte sowohl in Form von Entscheidungen als auch von Beschlüssen, die jeweils bezogen auf bestimmte Produktfamilien die Systeme zur Bewertung und Überprüfung der Leistungsbeständigkeit festlegen.

9.2 Auf welcher Grundlage kann eine Stelle notifiziert werden?

Eine Stelle kann auf der Grundlage einer im Amtsblatt der EU bekannt gemachten harmonisierten Spezifikation notifiziert werden (siehe Kapitel 2.3). Die Spezifikation dient dann der Definition des technischen Kompetenzbereichs der Stelle. Außerdem ist aber hinsichtlich des Kompetenzbereiches auch eine Notifizierung allgemein für Aspekte des Brandverhaltens, der Feuerbeständigkeit und des Verhaltens bei einem Brand von außen sowie von Schallschutzeigenschaften und mit Bezug auf die Emission von gefährlichen Stoffen möglich (BauPVO, Anhang V Nr. 3).

Darüber hinaus werden die Aufgaben der notifizierten Stellen unterschieden in

- Prüfstellen (System 3),
- Zertifizierungsstelle für die werkseigene Produktionskontrolle (System 2+) und
- Produktzertifizierungsstelle (Systeme 1+ oder 1, siehe jeweils Kapitel 9.1).

9.3 In welcher Sprache müssen Bescheinigungen der Leistungsbeständigkeit oder Bescheinigungen der Konformität der werkseigenen Produktionskontrolle ausgestellt werden?

§ 6 des Bauproduktengesetzes führt aus: „Die in Artikel 11 Absatz 8 Satz 1, Artikel 13 Absatz 9 Satz 1 und Artikel 14 Absatz 5 Satz 1 der EU-Bauproduktenverordnung enthaltene Anforderung gilt als erfüllt, wenn die deutsche Sprache verwendet wird." Dies betrifft die „Informationen und Unterlagen, die für den Nachweis der Konformität des Bauprodukts mit der Leistungserklärung und der Einhaltung sonstiger nach dieser Verordnung geltender Anforderungen erforderlich sind" (so die genannten Artikel der Bauproduktenverordnung). Die Artikel der Bauproduktenverordnung richten sich dabei an Hersteller (Art. 11 Abs. 8 Satz 1), Importeure (Art. 13 Abs. 9 Satz 1) und Händler (Art. 14 Abs. 5 Satz 1). Hier wird vom Bauproduktengesetz nun Deutsch als zu verwendende Sprache nicht verlangt, sondern es wird lediglich festgelegt, dass (naturgemäß) bei Verwendung der deutschen Sprache diese Anforderung jedenfalls erfüllt ist, während andere Sprachen offensichtlich nicht ausgeschlossen sind. Allerdings gibt es juristische Auslegungen dazu, die davon ausgehen, dass das praktische Ergebnis dasselbe sein sollte wie bei der Leistungserklärung, zu deren Sprachfassung sich Satz 1 von § 6 des Bauproduktengesetzes äußert (siehe Kapitel 8.10).

10 CE-Kennzeichnung

10.1 Wie hat die CE-Kennzeichnung auszusehen?

Das Layout der CE-Kennzeichnung ist in einer Richtlinie[21] festgelegt (siehe Bild 12: Schriftbild der CE-Kennzeichnung). Die verschiedenen Bestandteile der CE-Kennzeichnung müssen etwa gleich hoch sein; die Mindesthöhe beträgt 5 mm.

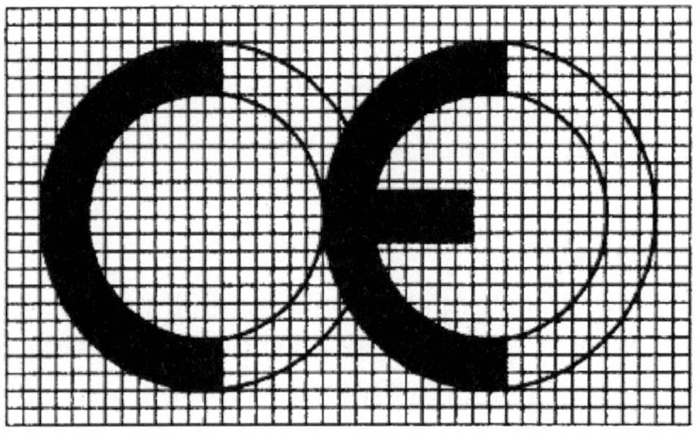

Bild 12: Schriftbild der CE-Kennzeichnung

10.2 Welche Bedeutung hat die CE-Kennzeichnung?

Anders als in anderen Harmonisierungssektoren bedeutet die CE-Kennzeichnung nicht, dass ein Bauprodukt „sicher“ ist oder

21 Richtlinie 93/68/EWG des Rates vom 22. Juli 1993 zur Änderung der Richtlinien 87/404/EWG (einfache Druckbehälter), 88/378/EWG (Sicherheit von Spielzeug), 89/106/EWG (Bauprodukte), 89/336/ EWG (elektromagnetische Verträglichkeit), 89/392/EWG (Maschinen), 89/686/EWG (persönliche Schutzausrüstungen), 90/384/EWG (nichtselbsttätige Waagen), 90/385/EWG (aktive implantierbare medizinische Geräte), 90/396/EWG (Gasverbrauchseinrichtungen), 91/263/EWG (Telekommunikationsendeinrichtungen), 92/42/EWG (mit flüssigen oder gasförmigen Brennstoffen beschickte neue Warmwasserheizkessel) und 73/23/EWG (elektrische Betriebsmittel zur Verwendung innerhalb bestimmter Spannungsgrenzen) (ABl. der EU L 220 vom 30.08.1993); geändert durch die Richtlinie 98/13/EG des Europäischen Parlaments und des Rates vom 12. Februar 1998 (ABl. der EU L 74 vom 12.03.1998) und die Richtlinie 98/37/EG des Europäischen Parlaments und des Rates vom 22. Juni 1998 (ABl. der EU L 207 vom 23.07.1998); berichtigt durch ABl. L 216 vom 8.8.1997, S. 99

dass alle Anforderungen einer Harmonisierungsvorschrift erfüllt sind. Mit der Anbringung der CE-Kennzeichnung bestätigt der Hersteller lediglich, dass das Produkt die Leistungen aufweist, die er in der Leistungserklärung deklariert hat.

10.3 Wo muss die CE-Kennzeichnung angebracht werden?

Art. 9 Abs. 1 BauPVO verlangt, dass die CE-Kennzeichnung „gut sichtbar, leserlich und dauerhaft auf dem Bauprodukt oder einem daran befestigten Etikett angebracht [wird]. Falls die Art des Produkts dies nicht zulässt oder nicht rechtfertigt, wird sie auf der Verpackung oder den Begleitunterlagen angebracht." Das dürfte, auch unter dem Eindruck entsprechender Regelungen unter der Bauproduktenrichtlinie, so zu verstehen sein, dass die CE-Kennzeichnung so nahe wie möglich am Produkt angebracht werden muss.

10.4 Darf außer der eigentlichen CE-Kennzeichnung noch eine verkürzte CE-Kennzeichnung angebracht werden?

Die vollständige CE-Kennzeichnung muss so nahe wie möglich am Produkt angebracht werden (siehe 10.3). Es kommt dabei immer wieder die Frage auf, ob näher am Produkt, entsprechend dem dort vorhandenen Platz, eine verkürzte CE-Kennzeichnung vorgesehen werden darf.

Eine solche Vorgehensweise ist jedoch von der Bauproduktenverordnung nicht vorgesehen und würde die Eindeutigkeit der Angaben infrage stellen. Denn wenn man eine solche verkürzte CE-Kennzeichnung vor sich hätte, wüsste man nicht, ob sie fehlerhaft ist, weil nicht vollständig, oder ob weitere vollständige Angaben an anderer Stelle erfolgen und ggf., wo das der Fall ist.

10.5 Worauf bezieht sich die bei der CE-Kennzeichnung anzugebende Jahreszahl?

Art. 9 Abs. 2 BauPVO beschreibt den Inhalt der CE-Kennzeichnung: „Hinter der CE-Kennzeichnung werden die letzten beiden Ziffern des Jahres, in dem die CE-Kennzeichnung zuerst angebracht wurde, ... angeführt."

Es gab noch zu Zeiten der Bauproduktenrichtlinie unterschiedliche Auffassungen darüber, welche Jahreszahl hier nun anzugeben ist. Einige meinten, es handele sich um das Datum, an dem das konkrete Produkt mit der CE-Kennzeichnung versehen wird (also näherungsweise das Datum der Herstellung, was ja durchaus Aussagekraft gehabt hätte). Es wurde in Diskussionen auch der Zusammenhang hergestellt zwischen der Angabe der Fassung der zugrunde liegenden harmonisierten Norm (die damals häufig fehlte) und eben dieser Frage. Es wurde nämlich erklärt, aufgrund der Angabe dieser ominösen Jahreszahl mit der beschriebenen Bedeutung sei die Angabe der Fassung der zugrunde liegenden harmonisierten Norm überflüssig.

Andere, allen voran die Kommissionsdienste, vertraten dagegen die Auffassung, es sei das Datum des erstmaligen Inverkehrbringens *eines solchen* Produkts (also in der Nomenklatur der Bauproduktenverordnung: des Produkttyps) gemeint. Diese Auffassung haben die Kommissionsdienste beim Entwurf der Verordnung durch eine kleine Ergänzung des im Übrigen identisch aus der Richtlinie übernommenen Texts klarzustellen versucht („... des Jahres, in dem die CE-Kennzeichnung zuerst angebracht wurde ..." – hinzugefügt wurde das „zuerst").

Gemeint sein soll also eine Angabe des Jahres, in dem *ein solches* Produkt erstmals in Verkehr gebracht worden ist. Solange sich also am Produkt und an dem vorgesehenen Verwendungszweck nichts ändert, bleibt diese Jahreszahl gleich. Das hat offensichtlich nichts damit zu tun, dass es eine spätere Fassung der zugrunde liegenden harmonisierten Norm geben kann, die dann auch in der Leistungserklärung berücksichtigt werden muss (siehe Kapitel 3.1).

10.6 Welches Verhältnis besteht zwischen der CE-Kennzeichnung und anderen, ggf. nationalen Kennzeichen?

Nach Art. 8 Abs. 3 BauPVO ist die CE-Kennzeichnung „für jedes Bauprodukt, das von einer harmonisierten Norm erfasst wird, oder für das eine Europäische Technische Bewertung ausgestellt worden ist, [...] die einzige Kennzeichnung, die die Konformität des Bauprodukts mit der erklärten Leistung in Bezug auf die Wesentlichen Merkmale, die von dieser harmonisierten Norm oder der Europäischen Technischen Bewertung erfasst sind, bescheinigt."

Daraus ergibt sich noch keine Rechtfertigung, andere – auch nationale – Kennzeichen zu untersagen, die andere als die in der harmonisierten Norm oder der ETA erfassten Merkmale betreffen. Ein anderer Gedankengang führt jedoch genau zu diesem Ergebnis. Vom Europäischen Gericht erster Instanz werden nämlich harmonisierte Normen nach der Bauproduktenverordnung immer als vollständig interpretiert, sodass de iure, also in der juristischen Theorie, davon auszugehen ist, dass alle Wesentlichen

Merkmale erfasst sind, unabhängig davon, dass das de facto, in der Praxis, nicht der Fall ist[22]. Das vorausgesetzt, bliebe dann jedenfalls kein Raum mehr für verbindliche nationale Anforderungen im Hinblick auf bestimmte Wesentliche Merkmale bei Vorliegen einer zutreffenden harmonisierten Norm.

Im Zusammenhang mit Europäischen Bewertungsdokumenten liegt der Fall allerdings anders, denn die Bewertungsdokumente müssen per definitionem nicht vollständig alle Wesentlichen Merkmale erfassen (siehe Kapitel 4.2 und 4.3).

10.7 Welche Wesentlichen Merkmale sind in den Angaben zur CE-Kennzeichnung zu behandeln?

Art. 9 Abs. 2 BauPVO beschreibt den Inhalt der CE-Kennzeichnung: „Hinter der CE-Kennzeichnung werden ... der eindeutige Kenncode des Produkttyps, die Bezugsnummer der Leistungserklärung, die darin erklärte Leistung nach Stufe oder Klasse, der Verweis auf die einschlägige harmonisierte technische Spezifikation ... und der in den einschlägigen harmonisierten technischen Spezifikationen festgelegte Verwendungszweck angeführt."

Die Vorschrift, dass die in der Leistungserklärung erklärte Leistung hinter der CE-Kennzeichnung wiederholt werden muss, lässt offen, ob alle Wesentlichen Merkmale aus der Leistungserklärung übernommen werden müssen, ob damit also auch alle Wesentlichen Merkmale aufgeführt werden müssen, die in der harmonisierten Spezifikation genannt werden (siehe Kapitel 8.5). Art. 9 Abs. 2 kann auch so interpretiert werden, dass es ausreicht, eben (nur) die Wesentlichen Merkmale hinter der CE-Kennzeichnung aufzuführen, für die in der Leistungserklärung tatsächlich eine Leistung erklärt wird. Alle in der Leistungserklärung mit „NPD" ausgewiesenen Wesentlichen Merkmale könnten dann hinter der CE-Kennzeichnung weggelassen werden (siehe Kapitel 8.5).

Diese pragmatische Interpretation von Art. 9 Abs. 2 BauPVO hat sich inzwischen durchgesetzt. Sie berücksichtigt auch die

22 Urteil vom 10.04.2019 in der Rechtssache T-229/17. Gegen das Urteil wurden seitens der Bundesrepublik Deutschland Rechtsmittel eingelegt und es ist (Stand Juni 2020) noch nicht rechtskräftig. Es ist bekannt, dass nicht alle harmonisierte Normen alle Wesentlichen Merkmale erfassen. So fehlen derzeit noch mindestens in den allermeisten harmonisierten Normen Bewertungsverfahren und -kriterien für solche Wesentlichen Merkmale, die Bezug zur Grundanforderung Nr. 3 „Hygiene, Gesundheit und Umweltschutz" haben, sowie in etlichen weiteren Einzelfällen auch für andere Wesentliche Merkmale.

Tatsache, dass mit der Leistungserklärung ein neues zentrales Werkzeug eingeführt worden ist, in dem umfassend über die Produktleistung unter Nennung aller Wesentlichen Merkmale Auskunft gegeben wird.

10.8 Welche Regelungen gibt es hinsichtlich der Sprache, die in der CE-Kennzeichnung zu verwenden ist?

Die Bauproduktenverordnung enthält hierfür keine Regelungen. Auch das Bauproduktengesetz trifft hierzu keine Festlegungen.

11 Nützliche Internetseiten

(Stand 2020-06)

Homepage der Kommission – Bauwesen	http://ec.europa.eu/growth/sectors/construction/index_en.htm
Homepage der Kommission – Bauwesen – FAQ	https://ec.europa.eu/growth/sectors/construction/product-regulation/faq_en
Homepage der Kommission zum New Legislative Framework (horizontale Rechtsetzung: gegenseitige Anerkennung, Akkreditierung, Marktüberwachung, Vermarktung von Produkten)	https://ec.europa.eu/growth/single-market/goods/new-legislative-framework_en
Amtsblatt der EU	https://eur-lex.europa.eu/oj/direct-access.html?locale=de
NANDO	https://ec.europa.eu/growth/tools-databases/nando/index.cfm?fuseaction=cp.main
Harmonisierte Normen nach der Bauproduktenrichtlinie/-verordnung	https://ec.europa.eu/growth/single-market/european-standards/harmonised-standards/construction-products/index_en.htm
DIBt	https://www.dibt.de/
DIBt – FAQ	https://www.dibt.de/de/service/faqs/bauproduktenverordnung-und-marktueberwachung/
	https://www.dibt.de/de/wir-bieten/zulassungen-etas-und-mehr/europaeische-technische-bewertung-eta/
CEN Construction	https://www.cen.eu/work/sectors/construction/pages/constructionproducts.aspx
EOTA	https://www.eota.eu/

EU-Bauproduktenverordnung online
Suche
Erweiterte Suche
Geführte Suche
Registrieren
Login
Beuth
Aktuelles
Grundlagen
Inhalt
Links
Hilfe
Kontakt
Willkommen beim Online-Dienst
EU-Bauproduktenverordnung online